Tennis – schnell u. einfach lernen

Boris Kärcher

ISBN: 9783842342941

Herstellung und Verlag:

Books on Demand GmbH, Norderstedt
2011

Inhalt

Der Autor

Boris Kärcher ist erfolgreicher DTB-A-Tennistrainer und Inhaber der Tennisschule Boris Kärcher. Durch langjährige Erfahrungen als Spieler und Trainer im In- und Ausland ist er ein kompetenter Tennisexperte.

Sein Klientel beinhaltet sowohl Anfänger, Fortgeschrittene, Hobbyspieler, Turnierspieler als auch Profispieler.

Seine Trainingsangebote sind vielschichtig. Vom allgemeinen Konditions- und Koordinationstraining, leistungsspezifischem Technik- und Taktik-Training bis hin zum professionellen Spielzugtraining und erstellen von Spielanalysen.

Vorwort:

Dieses Buch ist der Einstieg in Deine „Tenniskarriere". Es bietet sich Dir eine ganz neue Möglichkeit, Dein Tennis auf den gewünschten Level zu bringen – und dies in kürzester Zeit!

Durch abwechslungsreiche Übungs- und Spielformen zum Training der Technik, Taktik, Kondition und Psyche wirst Du noch mehr Begeisterung und Erfolg im Tennissport erleben.

Du lernst, Dich selbst zu korrigieren, Deine Bewegungen zu optimieren und kannst Dir selbst „Dein eigener Trainer" sein. Mit hilfreichen Tipps, persönlicher Trainingsanalyse und Lösungsmöglichkeiten auf und neben dem Tennisplatz.

Ein wunderbarer Begleiter im Taschenformat.

Ein Geschenk für sich selbst, die Freunde und allen Tennisinteressierten. Tennis – einfach und schnell lernen! Der Einfachheit halber beziehen sich alle Bewegungsbeschreibungen, soweit Richtung oder Körperseiten von Bedeutung sind, auf Rechtshänder; Linkshänder müssen, soweit nicht anders beschrieben, dementsprechend umdenken.

Danksagung

Vielen Dank an Foto Kammerlander (viel Spaß bei den Fotosessions) für die Fotos. WILSON für die Unterstützung. Besonderen Dank an meine Eltern, meine Freunde und Ivko Plecevic, der mein Tennis maßgeblich beeinflusst hat.

Vorkenntnisse, Grundregeln

Bevor Du gleich Deine Sachen packst und Dich für ein großes Turnier anmeldest, solltest Du zuerst einige Grundregeln und Vorkenntnisse über das Tennisspiel besitzen. Zu Beginn die notwendigsten:

Feldbegrenzungen (Maße):

Die Netzhöhe beträgt in der Mitte 0,914 m, außen 1,06 m. Vom Netz zur T-Linie beträgt der Abstand 6,40 m, die Breite eines T-Feldes beträgt 4,115 m. Von der T-Linie zur Grundlinie sind es 5,485 m und die Gesamtlänge des Spielfeldes ist somit 23,77 m. Die Breite des Einzelspielfeldes ist 8,23 m, die Breite des Doppelfeldes beträgt 10,97 m.

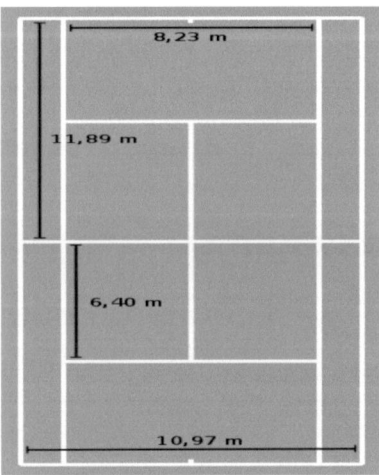

8

Historie:

Tennis geht auf das seit dem 13. Jahrhundert in Frankreich gespielte „Jeu de paume" (Spiel mit der Hand) zurück, bei dem ein Lederball (mit weicher Füllung) zunächst mit der flachen Hand, später mit Schlägern (franz.:Raquette) hin- und hergeschlagen wurde. Dieses Jeu de paume wurde besonders von Adeligen auf fürstlichen Höfen und in Hallen gespielt; aus diesen Hallen entwickelten sich später die so genannten Ballhäuser. Beim Zuspielen des Balles wurde das Wort „Tenez" (da nimm! Nehmen Sie!) gerufen, woraus sich vermutlich der Begriff Tennis entwickelt hat.

Davispokal (Daviscup)

Der Davispokal, auch Daviscup genannt, (ein 18 kg schwerer Silberpokal) entstand aus der sportlichen Rivalität zwischen Großbritannien und Amerika. 1981 wurde eine aus den 16 spielstärksten Nationen Top-Gruppe (World-Group) gebildet, die im K.o.-System den Gesamt-Sieger ermittelt.
Beim Davispokal gibt es jeweils nur eine Auseinandersetzung. Bis 1988 gab es im Daviscup keinen Tiebreak (Erklärung Seite 12).

Es wurde nach der alten Regel solange weitergespielt, bis ein Spieler zwei Spiele mehr gewonnen hat als sein Gegner. Dies erklärt auch die manchmal hohe Anzahl von Spielen:

-   Längstes Einzel (damals) : 1970 Ashe (USA) gegen Kuhnke (BRD) 6:8, 10:12, 9:7, 13:11, 6:4 (insgesamt 86 Spiele);
-   Längstes Doppel (damals): 1973 Smith/van Dillen (USA) gegen Fillol/Cornejo (Chile) 7:9, 37:39, 8:6, 6:1, 6:3 (insgesamt 122).

Seit 1989 wird nur ein entscheidender 5. Satz ohne Tiebreak gespielt.

-   Längstes Einzel (heute): Wimbledon 24.06.2010 John Isner (USA) gegen Nicolas Mahut (FRA): 6:4, 3:6, 6:7, 7:6, 70:68 (insgesamt 183 Spiele, 665 Minuten)

Spielidee

Die grundlegende Spielidee des Tennisspiels besteht darin, den Ball aus dem eigenen Spielfeld mit Hilfe eines Schlägers über das Netz in das gegnerische Spielfeld zu schlagen.

Im nicht-wettkampforientierten Spiel könnt Ihr als Spieler durchaus unterschiedliche Vereinbarungen treffen, also den Ball so zuspielen, dass keine Fehler gemacht und möglichst lange Ballwechsel erzielt werden.
Im wettkampforientierten Spiel ist für Euch als Spieler das Ziel, direkte Punkte zu erzielen, den Gegner zu Fehlern verleiten und eigene Fehler zu vermeiden.

Zählweise:

Der Wettkampf (Match) ist unterteilt in Satzgewinn (Set) und Spielgewinn (Game). Zu Beginn des Matches steht es 0:0 in den Sätzen und 0:0 in den Spielen. Zuerst musst Du ein Spiel gewinnen, danach einen Satz. Im Spiel zählt man folgendermaßen:
der erste Punkt ist 15 wert, der zweite 30, der dritte 40. Der nächste Punkt führt zum ersten Spielgewinn, zum 1:0 im Satz. Ausnahme: bei einer Führung von 40:30 für Dich, macht Dein Gegner den Punkt.

Es steht nun 40:40. Jetzt gewinnt derjenige das Spiel, welcher zuerst zwei Punkte hintereinander macht. Also machst Du den ersten Punkt, heißt es Vorteil (Advantage) für Dich, verlierst Du hingegen den nächsten Punkt, steht es wieder gleich (Gleichstand/Deuce). Einen Satz gewinnt man in der Regel bei 6 gewonnen Spielen, mit einem Vorsprung von mindestens 2 Spielen. Z.B. Du gewinnst 6 Spiele, Dein Gegner 4, lautet das Ergebnis 6:4 für Dich. Ab Spielstand von 5:5 endet der Satz bei 7. Beim Spielstand von 6:6 gibt es ein Entscheidungsspiel (Tie-Break) um den Satzgewinn. Hier zählt der Punktgewinn nur einfach. Einen Tie-Break gewinnst Du, wenn Du mindestens 2 Punkte Vorsprung hast und mindestens 7 Punkte erreichst. Also, z.B. 7:5, 7:2, 8:6, 10:8 oder 99:97. Im Tie-Break startest Du von der rechten Seite. Du spielst nur einen Punkt aus, dann wechselt das Aufschlagrecht. Ab jetzt spielt Ihr immer zwei Punkte aus, bis wieder das Aufschlagrecht wechselt. Den Tie-Break beginnt der Spieler, der beim letzten Spiel, welches zum Tie-Break führte, nicht aufgeschlagen hat.

Der Aufschlag muss hinter der Grundlinie, von der rechten Hälfte des Platzes startend erfolgen (erlaubt ist im Einzel rechts neben dem Mittelstrich bis zur ersten äußeren Begrenzungslinie, im Doppel bis zur zweiten äußeren Begrenzungslinie). Nach Treffen des Balles darfst Du das Spielfeld betreten.

Betrittst Du dieses Feld zu früh, wird dies als Fehler gewertet (Fußfehler).

Ein weiterer Fußfehler bedeutet dann den Punktgewinn für den Gegner. Du musst beim Aufschlag das vordere, diagonal liegende Aufschlagfeld (T-Feld-Hälfte) treffen und dies mittels direktem Anspiel aus der Hand (entweder von Unten oder von Oben). Sobald der Ball direkt dort landet, wird der Punkt ausgespielt. Wenn nicht, erhältst Du eine letzte zweite Chance. Der Ball darf maximal einmal aufspringen. Springt der Ball zweimal auf der gleichen Spielfeldhälfte auf, ist der Punkt beendet. Berührt der Ball nach dem Aufschlag die Netzkante und landet im richtigen Feld, wird der Aufschlag wiederholt. Falls nicht, wird dies als Fehler gewertet. Erfolgt während des Ballwechsels eine Netzberührung und springt im Spielfeld auf, wird weitergespielt. Es zählt, wenn Du den Ball auch mit Rahmen-berührung ins Feld spielst, jedoch gilt es als Fehler, sobald Du den Ball mit einem Körperteil berührst. Eine doppelte Berührung mit Rahmen, Schlägerseite oder kombiniert wird ebenfalls als Fehler gewertet. Die Platzseiten werden bei ungeradem Spielstand gewechselt, also bei 1:0, 2:1, 3:2, 4:1, etc. Die Pause beim Seitenwechsel beträgt 90 Sekunden. Beim Stande von 1:0 werden nur die Seiten gewechselt. Beim Satzende sind es 120 Sekunden. Für die Aufschlagphase hat man 20-25 Sekunden Zeit.

Drall-Varianten

Wir unterscheiden im Tennis verschiedene Drall (Rotation) – Varianten:

Topspin (Vorwärtsdrall/Überschnitt)

- Dein Schläger sollte steiler vorwärts-aufwärts zum
  Treffpunkt geführt werden. Deine Schlagfläche geht über den Ball

Drive (Treibschlag: Minimaler Drall/Rotation):

- Dein Schläger sollte geradliniger (vorwärts-aufwärts) zum Treffpunkt hin geschwungen werden.

- Deine Schlagfläche geht von leicht über bis nahezu senkrecht zu dem Ball.

Slice (Rückwärtsdrall/Unterschnitt):

- Dein Schläger sollte vorwärts-abwärts zum Treffpunkt geführt werden. Deine Schlagfläche geht unter den Ball.

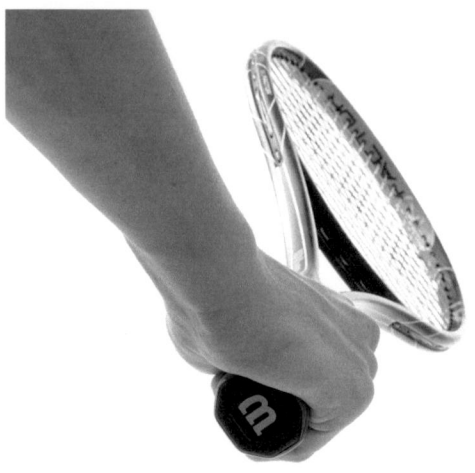

Seitwärtsdrall:

- Deine Schlagfläche sollte, bei Slice oder Topspin, den Ball seitlicher beim Schlagen treffen.

Unterschiedliche Griffe

Griffhaltung (Handposition am Schlägergriff) und ihre Bedeutung:
Deine Griffhaltung ist dann optimal, wenn diese einen günstigen Treffpunkt vor der vorderen Hüfte und die dabei notwendige Schlagflächenstellung ermöglicht. Dadurch kann Deine optimale Kraftübertragung gewährleistet werden.
Ich werde Dir nun verschiedene Griffhaltungen beschreiben, wie sie im Wettkampftennis beobachtet werden können. Dabei kann es zu benachbarten Griffen durchaus fließende Übergänge geben. Die empfohlenen Griffhaltungen führen zu der für jeden Schlag jeweils zweckmäßigen Schlagflächenstellung im optimalen Treffpunkt. Die nachteiligen Griffhaltungen erschweren diese.

Vorhandgriff (Easterngriff):

Deine Hand umfasst den Schlägergriff bei senkrecht gestellter Schlagfläche von der Seite, so dass der Kleinfingerballen an der hinteren Breitseite des Griffes anliegt (Rechtshänder: rechte Breitseite / Linkshänder: linke Breitseite). Empfehlenswert für Schläge auf der Vorhandseite, besonders für Treffpunkte im Bereich der Hüfthöhe. Nachteilig für Rückhandschläge und Aufschläge.

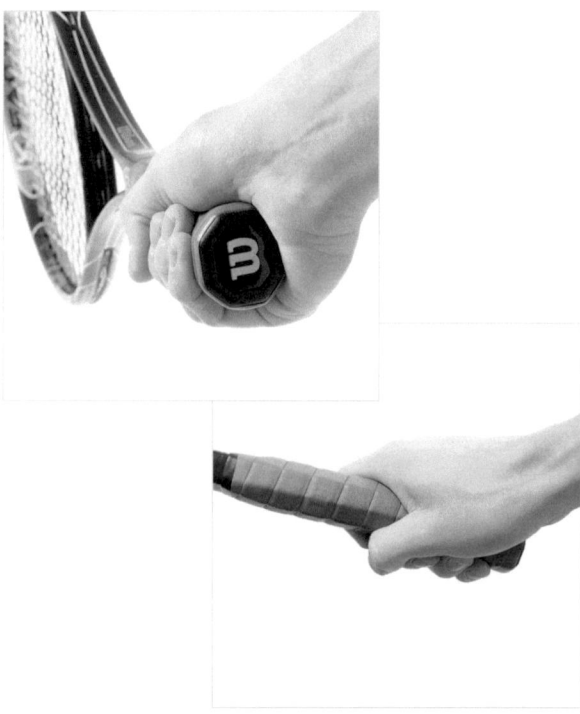

Extremer Vorhandgriff (Westerngriff):

Deine Hand umfasst den Schlägergriff bei senkrecht gestellter Schlagfläche von schräg unten, so dass der Kleinfingerballen etwa an der unteren schrägen Grifffläche anliegt (Rechtshänder: rechte untere schräge Griffläche / Linkshänder: linke untere schräge Grifffläche). Empfehlenswert für Topspinschläge, besonders für Treffpunkte über Hüfthöhe. Nachteilig für Aufschläge, Schmetterbälle, Vorhand Slice und Vorhand Flugball (Volley).

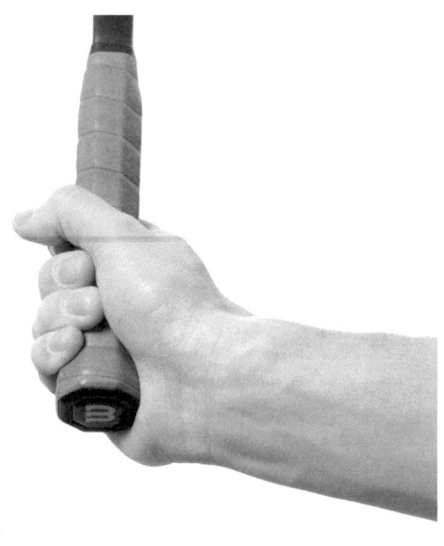

Mittelgriff (Semicontinentalgriff):

Deine Hand umfasst den Schlägergriff bei senkrechtgestellter Schlagfläche von schräg oben. Der Kleinfingerballen liegt auf der oberen schrägen Grifffläche (Rechtshänder: rechte obere schräge Grifffläche / Linkshänder: linke obere schräge Grifffläche).
Empfehlenswert für Grundschläge, Flugbälle und Slice (Unterschnitt) als auch Lob und Stop auf der Vor- und Rückhandseite. Außerdem für Aufschlag und Schmetterball. Nachteilig für Schläge mit höherem Treffpunkt. Falls der Treffpunkt vor dem Körper in mit einer senkrechten Schlagflächenstellung erreicht werden soll, ist eine stärkere Unterarmdrehung notwendig.

Rückhandgriff (Continentalgriff):

Deine Hand umfasst den Schlägergriff bei senkrecht gestellter Schlagfläche von oben. Der Kleinfingerballen befindet sich auf der oberen schmalen Grifffläche, als Variante auf der oberen Schrägfläche (Rechtshänder: links oben / Linkshänder: rechts oben). Man bezeichnet diese Griffhaltung als extremen Rückhandgriff. Empfehlenswert für Schläge auf der Rückhandseite, Aufschläge und Schmetterbälle. Nachteilig für Vorhandschläge.

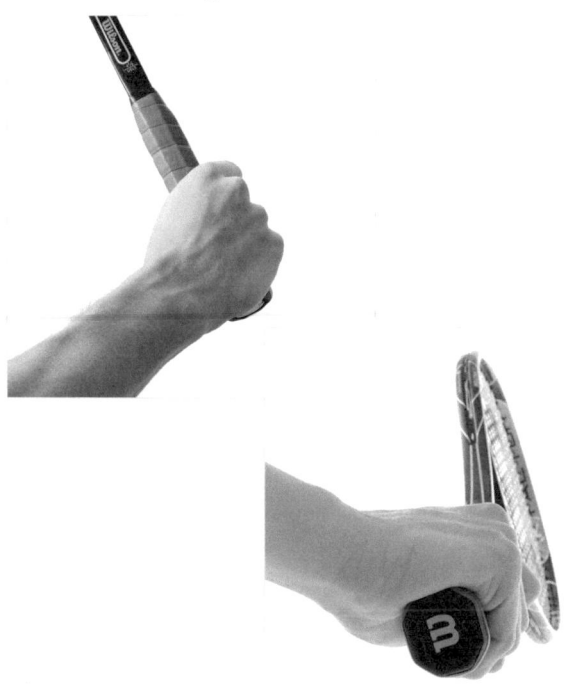

Beidhändiger Rückhandgriff:

Bei Rechtshändern umfasst Deine rechte Hand den Schlägergriff wie beim Vorhandgriff von der Seite und befindet sich am Griffende. Deine linke Hand befindet sich vor der rechten und greift von der linken Seite wie beim Vorhandgriff des Linkshänders. Hierbei ist eine sehr gute Kraftübertragung vorhanden und somit kann auch eine größere Beschleunigungswirkung erreicht werden. Empfehlenswert für Rückhand Grundschlag, Rückhand Topspin und Rückhand Topspin-Volley.

Beidhändiger Rückhandgriff

Extremerer Rückhandgriff

Schlagablauf:

Ein Schlag ist im Tennis in drei Teilabschnitte unterteilt (Ausholphase, Schlagphase und Ausschwungphase).

Die Ausholphase dient lediglich der Vorbereitung Deines optimalen Beschleunigungsweges bezüglich dessen Länge & Richtung und beginnt mit einer Oberkörperdrehung. Die Ausholbewegung wird durch die zur Verfügung stehende Zeit, der taktischen Absicht und Schlagart als auch ihrer individuellen Besonderheiten bestimmt. Die Form der Ausholbewegung kann unterschiedlich ausgeprägt sein und dementsprechend der Situation verlängert oder verkürzt werden.

Anschließend erfolgt die Schlagphase. Um eine möglichst gerade (leicht gekrümmte) Beschleunigungsstrecke zu erreichen, sollte Dein Tennisschläger frühzeitig zum voraussichtlichen Treffpunkt des Balles gebracht werden.

Zum Schluss erfolgt die Ausschwungphase, welche zum Ausklang mit allmählicher Geschwindigkeitsabnahme dient. Damit erhältst Du eine ökonomische Schlagbewegung.

Die Ausschwungphase kann aber auch der Kontrolle des vorausgegangenen Treffens dienen. Wenn z.B. hohe Prellkräfte bewältigt werden müssen (Flugbälle, Returns), ist es durchaus sinnvoll, im Ausschwung zu blockieren, um die Muskulatur zu einem festen Gegenblock anzuspannen.

Daraus ergibt sich die Möglichkeit, schnell entgegenkommende Bälle sehr gut zu kontrollieren und platziert zurückzuspielen.

Das Flug- und Absprungverhalten des Balles ist im Spiel zu berücksichtigen. Die Flugbahn des Balles kann durch folgende Kriterien bestimmt werden: durch seine Abfluggeschwindigkeit (langsam oder schnell), die Abflugrichtung (hoch, flach, rechts oder links), durch den Drall (vorwärts, rückwärts oder seitwärts), den Luftwiderstand (Gegen-, Rück- oder Seitwind) und der Schwerkraft. Das Absprungverhalten ergibt sich aus der Geschwindigkeit des Balles beim Auftreffen auf den Boden, seines Aufsprungwinkels, seines Dralles und der Bodenbeschaffenheit (Asche/Sand, Beton, Rasen, Teppich, usw.).

Beim Kontakt des Balles mit der Bodenfläche im gegnerischen Spielfeld, verändern sich Geschwindigkeit und Absprungwinkel im Vergleich zum Aufsprungwinkel.

Bei Bällen, die ohne Drall gespielt werden, bewirkt die Reibungskraft der Oberfläche ein Rutschen und eine daraus resultierende Vorwärtsdrehung (Vorwärtsdrall) des Balles nach dem Absprung. Der Absprungwinkel verändert sich im Vergleich zum Aufsprungwinkel sehr gering. Der Ball springt etwas langsamer ab, als er aufsprang.

Bei Bällen, die mit Vorwärtsdrall gespielt werden, verkleinert sich der Absprungwinkel im Vergleich zum Aufsprungwinkel. Nach dem Absprung springt der Ball schnell auf den Gegenspieler zu.

Bälle, die mit Rückwärtsdrall gespielt werden, springen langsamer ab, als diese aufgesprungen sind. Der Rutscheffekt ist stärker ausgeprägt als beim Ball mit Vorwärtsdrall.

Bei Bällen, die mit Seitwärtsdrall geschlagen werden, bewirkt die Drallkombination des Schlages einen Absprung nach links (Linksdrall) oder nach rechts (Rechtsdrall).

Tennis-
schnell und einfach lernen

In diesem Kapitel soll Dir leicht verständlich vermittelt werden, wie Du selbständig, mit einfachen Hilfsmitteln und Übungen Deine Tennistechnik verbessern und Dein Leistungsniveau erheblich steigern kannst.

Teil 1: Einführung und Verbesserung der anfangs wichtigsten Schläge für Einsteiger auf der Vorhand- und Rückhandseite.

Die Schlagtechnik besitzt im Tennis unbestritten die größte Bedeutung für Deine Leistungsfähigkeit. Daher widme ich mich in diesem ersten Kapitel der Technikvariabilität und der –stabilität.

Das Wichtigste zu Deiner Technikverbesserung ist eine ständige Überprüfung (Kontrolle) Deines eigenen Bewegungsablaufes, insbesondere der Treffstrecke (Hauptaktion) Deines Schlages. Die Aushol- und die Ausschwungphase dienen einer Optimierung Deines natürlichen und individuellen Schlagablaufes. Diese individuelle Ausführung ist bei jedem Spieler unterschiedlich.

Hierbei möchte ich nur erwähnen, dass es kein Richtig oder Falsch bei der Aushol- und Ausschwungphase gibt, sondern lediglich „hilfreich" oder „weniger hilfreich". Je größer und umfangreicher meine Ausholbewegung ist, umso mehr Zeit benötige ich für den Schlag.

Beispiel-Situation: Du stehst an der Grundlinie und sollst den Ball sicher in einen Zielbereich zurückspielen. Ein ankommender Ball fliegt mit geringer Geschwindigkeit ca. 3 m über das Netz und springt in der Nähe der T-Linie auf.

Dies wirst Du sicher ohne größere Schwierigkeiten und Zeitnot bewältigen. Kommt aber der Ball mit hoher Geschwindigkeit flach übers Netz und landet ca. 1 m vor der Grundlinie, wird dies schon erheblich schwieriger. Hier besteht nun die Möglichkeit ein paar Meter hinter der Grundlinie zu stehen, aber dadurch erreichst Du sehr kurz gespielte Bälle vom Gegner kaum bzw. überhaupt nicht, und bei diagonal kurz (short cross) gespielten Bällen bis zur T-Linie kommst Du wiederum in große Schwierigkeiten, da die Laufwege zum Ball immer größer werden. Willst Du aber dicht an der Grundlinie bleiben, so musst Du Deine Ausholbewegung reduzieren. Die Ausholphase dient in erster Linie zur Erhöhung der Zuschlaggeschwindigkeit beim Treffen des Balles. Sehr interessant war eine Studie der Deutschen Sporthochschule in Köln, welche Schlagbewegungen von Profispielern analysierten.

Die Aushol- und Ausschwungphase war bei jedem Spieler unterschiedlich und individuell, wo hingegen die Treffphase bei allen Top-Spielern nahezu identisch war. Deshalb empfehle ich anfangs lieber mit einer geringen Ausholbewegung anzufangen, um eine kontrollierte Schlagbewegung zu erlangen, und erst dann die Bewegung mit einer sogenannten Hilfsbewegung zur Steigerung der Geschwindigkeit zu ergänzen. Beim Tennis ist die Kontrolle wesentlich wichtiger als die Geschwindigkeit. Was nützen Dir Schläge mit sehr hohem Tempo, wenn Du diese nicht kontrollieren kannst?

Trainiere zuerst Kontrolle, dann Deine Schläge mit höherer Geschwindigkeit im Feld zu platzieren.

Du kannst Dir auch schon in groben Zügen Gedanken machen, wie Dein eigenes Spiel später einmal aussehen soll. Druckvoll und offensiv, nah an der Grundlinie stehend, das Spiel bestimmend und oft den Netzangriff suchend oder eher defensiv, weit hinter der Grundlinie stehend, geduldig auf die Fehler vom Gegner warten und nur gelegentlich ans Netz gehend. Natürlich kannst Du auch eine Kombination daraus anstreben. Dies ergibt sich aus den eigenen technischen Fähigkeiten und deinem Mut dies umzusetzen.

Hierbei fällt mir eine interessante Geschichte ein: Ein australischer Tennisspieler war lange Zeit um die Position 100 der Weltrangliste. Er spielte fast nur von der Grundlinie, solide aber ohne die nötigen Grundschläge, die es ihm ermöglichten viele direkte Punkte von der Grundlinie zu machen, um so noch weiter in der Weltrangliste nach vorne zu kommen. Dieser Spieler verfügte aber über einen guten Aufschlag und gute Volleys. Sein Trainer kam dann auf die Idee, sein Spiel nur noch auf Angriff zu verlagern. Sogar nach dem Aufschlag direkt ans Netz zu laufen und Volley zu spielen. Bei jeder Möglichkeit die sich dem Australier bot, ging dieser vor, um den Gegner zusätzlich unter Druck zu setzen.

Man trainierte verstärkt Aufschlag, Volley und die Angriffsschläge aus dem Halbfeld (T-Linien-Bereich), welche die Basis für einen erfolgreichen Punktgewinn sind.

Wie gesagt, eine Idee aus der Not geboren, da es in der Weltrangliste nicht mehr wie gewünscht voran ging. Eine Entscheidung, die sein Leben veränderte. Der Australier gewann ein Turnier nach dem anderen und stand nach relativ kurzer Zeit schon unter den ersten 10 der Weltrangliste! Damit möchte ich Dir zeigen, wie man seine technischen Fähigkeiten in sein Spiel einbringen kann. Eine Taktik ist nur so gut, wie man sie auch technisch bewältigen kann.

Technik:
Ökonomie und Effizienz

Die Armführung geht direkt in die Richtung des angestrebten Zieles und sollte seine Richtung erst nach dem Treffen ändern. Geschieht dies zu früh, werden die Schläge ungenauer. Dabei sollte die Schlagflächenstellung beim Zuschlagen möglichst senkrecht sein.

Der Grund: je „indirekter" die Armführung beim Zuschlagen (Treffpunkt) ist, desto geringer die Kraft, die auf den Ball wirkt => enormer Kraftverlust. Der Schläger wird so beschleunigt, bis die gewünschte Ballgeschwindigkeit erreicht ist (die Geschwindigkeit der Schlagausführung sollte für lang geschlagene Bälle zum Treffpunkt hin sich erhöhen und erst nach der dem Treffen des Balles sich verringern). Möchtest Du die Bälle kurz spielen oder langsam, dann verringert sich die Zuschlaggeschwindigkeit zum Treffpunkt hin (Stoppball). Die Höhe des Schlägerkopfes sollte leicht unter der Höhe des zu schlagenden Balles, im Idealfall auf gleicher Ebene, sein. Falls die lang geschlagenen Bälle hinter der Grundlinie aufkommen, kannst Du entweder die Schlaggeschwindigkeit reduzieren (würde ich anfangs empfehlen) oder Du zielst mehr auf Höhe der Netzkante. Dadurch fliegen Deine Bälle flacher aber die Ballgeschwindigkeit bleibt gleich. Eine weitere Möglichkeit besteht darin, dass Du beim Schlagen Deine Schlagflächenstellung leicht nach vorne drehst, wie es das nachfolgende Bild demonstriert.

Durch Griffveränderung oder durch leichte Drehung des Unterarms (Pronation). Dadurch erhält der Ball einen Vorwärtsdrall, sowie eine Krümmung der eigenen Flugbahn. Man spricht auch von einer „geschlosseneren Schlagflächenstellung". Der Ball fliegt also nicht so weit, springt aber aufgrund der Rotation unangenehmer für den Gegner ab (wie es beispielsweise Rafael Nadal zur Zeit sehr gut beherrscht).

Je geschlossener Deine Schlagflächenstellung beim Treffen ist, umso mehr Rotation erhält der Ball. Aber mehr Vorwärtsrotation bedeutet auch eine stärkere Krümmung der Flugbahn, d.h. der Ball springt früher im gegnerischen Feld auf. Durch erhöhen Deiner Zuschlaggeschwindigkeit erreichst Du, dass Dein Ball näher an der Grundlinie landet. Oder Du spielst den Ball höher über das Netz. Viele Spieler arbeiten mit dieser Variante, da es Ihnen ermöglicht mit trotz sehr hoher Ballbeschleunigung noch sehr gut kontrollierte Bälle zu schlagen. Nachteil: es kostet mehr Kraft. Top Spieler variieren häufig die Rotation des Balles. Mal mit sehr viel Drall, mal mit sehr wenig. Je größer Deine Fähigkeit ist zu variieren, desto mehr Lösungsmöglichkeiten bieten sich Dir im Spiel. Stehst Du z.B. über 3m hinter der Grundlinie, kannst Du ohne größeren Kraftaufwand einen schnellen Vorhandschlag mit geringer Rotation flach über das Netz bis an die gegnerische Grundlinie spielen. Mit extremen Vorwärtsdrall (Spin) klappt dies weniger gut. Hier würde sich ein Spin-Spieler für einen höher gespielten Ball entscheiden, da dies wesentlich leichter durchzuführen und weniger riskant ist. Bei einigen Gegnern ist dies sehr effektiv, da diese häufig Probleme mit Bällen haben, die über Hüfthöhe bzw. Schulterhöhe geschlagen wer-den. Jedoch nicht mehr auf Leistungs- und Hoch-leistungsebene. Mit Spin-Schlägen kannst Du hervorragende short cross Bälle mit schnellerem Absprungverhalten spielen. Wenn Du mit einer „angenehmen" Schlagbewegung den Zielbereich mit der gewünschten Geschwindigkeit und Drall erreicht hast, so musst Du jetzt diesen Bewe-gungsablauf auf die Häufigkeit trainieren. Also zuerst Deinen Bewegungsablauf „finden" (durch ausprobieren) und anschließend immer konstanter den Zielbereich treffen. Nichts an-deres machen auch die Weltklassespieler. Arbeite wenn möglich immer mit Zielen (Zielbe-reiche). Dadurch hast Du automatisch eine Motivationshilfe und eine Erfolgskontrolle.

Je höher Dein Leistungsniveau ist, desto kleiner kannst Du die Zielbereiche gestalten. Das Ziel sollte später sein, sehr präzise an die Linien zu spielen, damit Du nun die Laufwege Deines Gegners erheblich vergrößern kannst. Zu der Beinstellung habe ich folgenden Tipp für Dich: ob Du seitlich oder offen (frontal) zum Ball stehst spielt zuerst einmal eine untergeordnete Bedeutung. Dies hat nichts damit zu tun, ob der Ball ins Feld geht oder nicht! Dies hat mir mein erster Trainer nicht erklären können, was zur Folge hatte, dass ich ein Jahr keinen Fortschritt gemacht habe, weil ich mich mehr mit den Beinen als mit den Armen beschäftigen musste. Erst später erfuhr ich, wie Tennis wirklich funktioniert.

Die Beintechnik dient zur Unterstützung Deines Schlages. Wichtig ist, dass Du Dich beim Schlag wohl fühlst und nicht im eigenen Bewegungsablauf / Schlagablauf eingeschränkt bist. Dein Körpergewicht sollte sich nach vorne verlagern, idealerweise in die Zielrichtung Deines Balles. Wenn Du Dich nach vorne bewegst, wirst Du es leichter haben, flache und schnelle Bälle zu spielen.

Falls Dein Gewicht nach hinten verlagert ist (Rücklage) spiele am Besten einen höheren Ball (Lob), wenn möglich mit Vorwärtsdrall, zurück

Denn bei Rücklage wird eine hohe Ballgeschwindigkeit bei flach gespielten Bällen mit
guter Kontrolle nur in den seltensten Fällen
möglich sein. Die „natürlichste Bewegung" ist die
Beste! Beim Tennis zählt die Effektivität und nicht
die Schönheit!

Natürlich solltest Du auf dem Tennisplatz immer
eine „gute Figur" machen und am besten erzielst
Du dies, wenn Du immer „Herr der Lage" bist!

Qualität vor Quantität

Wichtig sind viele qualitativ gut geschlagene Bälle/Ballwechsel und Spaß beim Üben und Trainieren. Ich empfehle Dir anfangs in einem kleineren Feld mit leichteren Bällen zu spielen (z.B. halbes T-Feld mit Methodik- oder Softbällen). Wenn dies ganz gut klappt, kannst Du ein etwas größeres Spielfeld wählen (z.b. ganzes T-Feld oder halbes T-Feld mit Doppelfeld; die Begrenzung zwischen T-Linie und Grundlinie kannst Du jederzeit variieren. Beginne mit Softbällen, Methodikbällen (sind ganz weiche Tennisbälle mit Filzummantelung oder weichen Turnierbällen, dann wechselst Du bei gutem Gelingen zu neuen Turnierbällen. Bis Du das gesamte Einzelfeld benutzen kannst. Immer Schritt für Schritt. Dein Spielfeld und die Bälle immer Deinem Können angepasst. Und bitte immer nur so wählen, dass Spiele und Ballwechsel zustande kommen.

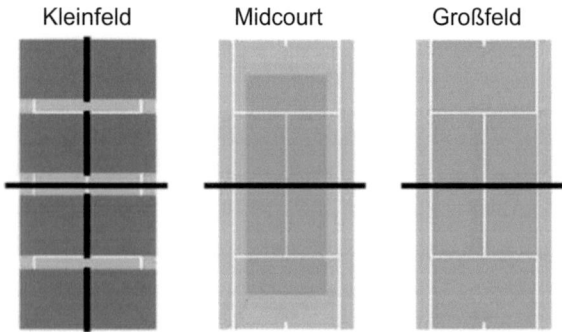

Kleinfeld   Midcourt   Großfeld

Trainiere konzentriert, fleißig, motiviert und mit viel Spaß. Dann bist Du auf dem besten Weg ein erfolgreicher Tennisspieler zu werden!

Und da das Sprichwort „Übung macht den Meister" auch beim Tennis zutrifft, sind hier einige Trainings-Tipps zum Anfang.

Einfach und effektiv!

Techniktraining:

Vorhand (einhändig):

- Dein Oberkörper dreht sich zur Seite. Dein Schläger wird so nach hinten geführt, dass ein fließender Übergang in die Schlagphase möglich ist.

- Dein Körpergewicht sollte sich nach vorne (möglichst in Schlagrichtung) verlagern.

- Dein Schläger wird nach vorne (leicht aufwärts) geschwungen.

- Dein Schläger beschleunigt, bis die gewünschte Ballgeschwindigkeit erreicht wird.

- Im Treffpunkt wird die Grifffestigkeit verstärkt, um dem Ball Widerstand zu leisten.

- Dein Schläger schwingt weit in Schlagrichtung, um eine größere Genauigkeit und Sicherheit zu erreichen.

- Dein Schläger schwingt weiter in Schlagrichtung mit natürlicher Bewegung aus

Rückhand (einhändig):

- Dein Oberkörper dreht sich zur Seite.
  Den Schläger wird so nach hinten geführt, dass ein fließender Übergang in die Schlagphase möglich ist; eine seitliche Stellung wird eingenommen (empfehle ich, da Du einfach mehr Gewicht in den Schlag bringst. In Zeitnot geht natürlich auch eine offene Schlagstellung) und gleichzeitig führt Deine andere Hand den Schläger am Schlägerhals zurück, damit die Ausholbewegung stabilisiert werden kann.

- Dein Körpergewicht sollte sich nach vorne verlagern (möglichst in Schlagrichtung).

- Dein Schläger wird nach vorne (leicht aufwärts) geschwungen.

- Dein Schläger wird beschleunigt, dass die gewünschte Ballgeschwindigkeit erreicht werden kann.

- Dein Schläger schwingt weit in Schlagrichtung, um eine größere Genauigkeit und Sicherheit zu erreichen.

- Dein Schläger schwingt weiter in Schlagrichtung mit natürlicher Bewegung aus.

Rückhand (beidhändig):

- Dein Oberkörper wird zur Seite gedreht. Beide Hände umfassen den Schläger.

- Dein Körpergewicht sollte sich nach vorne verlagern (möglichst in Schlagrichtung)

- Dein Schläger wird nach vorne (leicht aufwärts) geschwungen

- Dein Schläger wird beschleunigt, dass die gewünschte Ballgeschwindigkeit erreicht werden kann

- Dein Schläger wird in Schlagrichtung geschwungen, um eine größere Genauigkeit und Sicherheit zu erreichen

- Dein Oberköper kann dabei in die
  Schlagrichtung rotieren

- Dein Schläger schwingt weiter in
  Schlagrichtung aus

Vorhand Flugball (Volley):

- Dein Oberkörper dreht leicht nach hinten, dabei sollte dein Schlägerkopf zum voraussichtlichen Treffpunkt kommen

- Dein Körpergewicht sollte sich nach vorne verlagern

- Dein Schläger wird nach vorne (leicht abwärts, bei höheren Bällen stärker abwärts) geschwungen und so beschleunigt, dass die gewünschte Ballgeschwindigkeit erreicht werden kann

- Dein Schläger schwingt weit in Schlagrichtung, um eine größere Genauigkeit und Sicherheit zu erreichen

- Dein Oberkörper kann dabei in Schlagrichtung rotieren

- Dein Schläger schwingt in Schlagrichtung aus

Rückhand Flugball (Volley):

- Dein Oberkörper dreht leicht nach hinten, dabei sollte Dein Schlägerkopf zum voraussichtlichen Treffpunkt kommen

- Dein Körpergewicht sollte sich nach vorne verlagern (ich empfehle Dir eine seitlichere Stellung einzunehmen)

- Dein Schläger wird nach vorne (leicht abwärts, bei höheren Bällen stärker abwärts) geschwungen und so beschleunigt, dass die gewünschte Ballgeschwindigkeit erreicht werden kann

- Dein Schläger schwingt weit in Schlagrichtung, um eine größere Genauigkeit und Sicherheit zu erreichen

- Dein Oberkörper kann dabei in Schlagrichtung rotieren

- Dein Schläger schwingt in Schlagrichtung aus

- Dein Nicht-Schlagarm kann aus Gleichgewichtsgründen (Stabilisation) sich vom Körper weg nach hinten bewegen

Aufschlag:

- Deinen Schläger kannst Du zwischen Rückhandgriff und Mittelgriff fassen

- Du solltest eine stabile Ausgangsstellung einnehmen (seitlich). Dein Wurfarm ist vor dem Köper

- Der Ball wird nach oben geworfen (über Kopf), leicht über den höchsten erreichbaren Treffpunkt

- Dein Schläger wird über Kopf optimal zum Treffpunkt hin beschleunigt

- Deinen Schlagarm solltest Du beim Treffen möglichst durchstrecken, um eine optimale Kraftübertragung zu erreichen

- Dein Körper sollte dabei gestreckt und der Oberkörper beim Treffen nicht einklappen

- Dein Schläger schwingt in die Schlagrichtung, um eine größere Genauigkeit und Sicherheit zu erreichen (Schlägerspitze in Richtung des Zieles)

- Dein Oberkörper kann dabei in die Schlagrichtung rotieren (drehen)

- Dein Ausschwung erfolgt vor dem Körper

Schmetterball:

- Dein Schläger kann zwischen Mittelgriff und Rückhandgriff gefasst werden

- Dein Schläger wird nach hinten oben geführt, so dass der Schlägerkopf sich über dem Kopf befindet

- Ich empfehle Dir eine seitlichere Stellung einzunehmen

- Deinen Nicht-Schlagarm kannst Du zur Stabilität des Gleichgewichtes nach oben strecken

- Dein Gewicht sollte vom hinteren Bein auf das vordere Bein verlagert werden

- Deinen Schläger solltest Du nach vorne in Zielrichtung zum Treffpunkt hin optimal beschleunigen

- Wie beim Aufschlag sollte Dein Körper beim Treffen gestreckt sein

- Den Ball solltest Du vor Deinem Kopf treffen

- Deinen Schläger solltest Du in die Schlagrichtung schwingen, um größere Genauigkeit und Sicherheit zu erreichen (Schlägerspitze in Richtung des Zieles)

- Während des Schlages kann sich Dein Oberkörper in Schlagrichtung drehen (rotieren)

- Nach dem Treffen (Ausschwung) können Dein Schlagarm und Dein Oberkörper dem Ball auf natürliche Weise weiterhin in die Schlagrichtung folgen

Spezialschläge für mehr Lösungsmöglichkeiten

Nun erweitern wir unsere Schlagkenntnisse, welche für uns als Mannschafts- und Turnierspieler wichtig sind. Eine größere Anzahl an Variationen in unserer Technik führen zu mehr Lösungsmöglichkeiten in unserem Spiel.

Teil 2: Einführung und Verbesserung zusätzlicher Schläge für Wettkampfspieler.

Topspin- Vorhand:

- Dein Schläger wird mit extremerem Vorhandgriff gefasst

- Dein Oberköper dreht zurück

- Dein Schlägerkopf wird tiefer unterhalb des voraussichtlichen Treffpunktes abgesenkt

- Dein Schlägerkopf sollte steiler vorwärts-aufwärts geschwungen werden

- Deine Schlaggeschwindigkeit sollte sehr hoch sein, um einen starken Vorwärtsdrall zu erreichen

- Das Bein auf Deiner Schlagseite kann beim
  Schlagen mehr gestreckt werden (abdrücken
  vom Boden), um eine größere Kraftübertragung
  zu erzielen

- Dein Oberkörper kann beim Schlagen zugleich
  mit der Schlagbewegung in eine frontalere
  Stellung nach vorne drehen

- Anschließend kann eine Gewichtsverlagerung
  auf das andere Bein erfolgen und Dein
  Schlagarm schwingt auf natürlichem Wege aus

Topspin-Rückhand:

- Dein Schläger sollte mit Rückhandgriff oder extremeren Rückhandgriff gefasst werden

- Dein Oberkörper und Dein Schlagarm drehen nach hinten zurück

- Dein Gewicht sollte nach vorne auf das Bein Deiner Schlagarmseite verlagert werden

- Dein Schlägerkopf wird tiefer unterhalb des voraussichtlichen Treffpunktes abgesenkt

- Dein Schlägerkopf sollte steiler vorwärts-aufwärts geschwungen werden

- Deine Schlaggeschwindigkeit sollte sehr hoch sein, um einen starken Vorwärtsdrall zu erreichen

- Das Bein Deiner Schlagarmseite kann beim Schlagen mehr gestreckt werden (abdrücken vom Boden), um eine größere Kraftübertragung zu erzielen

- Dein Schlagarm folgt der Schlagrichtung und schwingt weiter vorwärts-aufwärts aus, Dein Oberkörper kann dabei rotieren

Slice-Vorhand:

- Dein Schläger sollte zwischen Vorhandgriff und Mittelgriff gefasst werden

- Dein Oberkörper dreht zurück

- Dein Schlägerkopf sollte über den voraussichtlichen Treffpunkt geführt werden

- Deine Schlägerbewegung erfolgt, um Rückwärtsdrall zu erzielen, von hinten-oben nach vorne-unten

- Dein Schlägerkopf wird zum Treffpunkt hin so beschleunigt, dass Dein gewünschter Drall und Deine Geschwindigkeit erreicht werden können

- Deine Gewichtsverlagerung sollte nach vorne ausgerichtet sein, um die Schlagbewegung zu unterstützen

- Dein Oberkörper kann dabei in die Richtung rotieren

- Dein Schläger schwingt weit in die Schlagrichtung, um die Genauigkeit und Sicherheit zu steigern

- Nach dem Treffen kann Dein Schlägerkopf weiter in die Schlagrichtung ausschwingen

Rückhand-Slice:

- Dein Schläger sollte zwischen Rückhandgriff und Mittelgriff gefasst werden

- Dein Oberkörper dreht zurück

- Ich empfehle Dir eine seitlichere Stellung

- Dein Schlägerkopf sollte über den voraussichtlichen Treffpunkt geführt werden

- Deine Schlägerbewegung erfolgt, um Rückwärtsdrall zu erzielen, von hinten-oben nach vorne-unten

- Dein Schlägerkopf wird zum Treffpunkt hin so beschleunigt, dass Dein gewünschter Drall und Deine Geschwindigkeit erreicht werden können

- Deine Gewichtsverlagerung sollte nach vorne ausgerichtet sein, um die Schlagbewegung zu unterstützen

- Dein Schläger schwingt weit in die Schlagrichtung, um die Genauigkeit und Sicherheit zu steigern

- Nach dem Treffen kann Dein Schlägerkopf
  weiter in die Schlagrichtung ausschwingen

Halbflugball (Half-Volley):

- Dein Schläger sollte bei Vorhand mit
  Vorhandgriff, bei Rückhand mit dem
  Rückhandgriff gefasst werden

- Dein Oberkörper dreht leicht zurück

- Dein Schlägerkopf wird sehr stark auf den
  voraussichtlichen Treffpunkt abgesenkt

- Dein Schläger wird flach und beinahe parallel
  zum Boden geführt, um den Ball direkt nach
  dem Aufsprung treffen zu können

- Dein Schläger wird zum Treffpunkt hin so
  beschleunigt, dass Deine gewünschte
  Geschwindigkeit und Länge erreicht werden
  kann

- Deine Schlagfläche ist beim Treffen beinahe
  senkrecht

- Dein Körpergewicht sollte nach vorne verlagert
  sein, um Deine Schlagbewegung zu
  unterstützen

- Dein Ausschwung kann nach vorne-oben in
  Schlagrichtung weitergeführt werden

Rückhand-Schmetterball:

- Dein Schläger sollte mit dem Rückhandgriff
  gefasst werden

- Dein Oberkörper dreht zurück (ich empfehle
  eine seitlichere Stellung)

- Dein Schlägerkopf wird vorwärts-aufwärts
  beschleunigt, im Treffpunkt neigt die
  Schlagfläche leicht nach vorne

- Im Treffpunkt sind Dein Schlagarm und Dein
  Oberkörper gestreckt

- Dein Arm schwingt weiter in Schlagrichtung
  aus

- Das Bein Deiner Schlagarmseite und Deines
  Nicht-Schlagarmes kannst Du zum stabilisieren
  Deines Gleichgewichtes nutzen

Slice-Aufschlag:

- Dein Schläger sollte zwischen Mittelgriff und Rückhandgriff gefasst werden

- Eine seitlichere Stellung sollte eingenommen werden

- Dein Oberkörper wird zurück gedreht

- Dein Schlägerkopf sollte hinter Deinem Körper vorwärts-aufwärts beschleunigt werden und durch den Treffpunkt schräg seitwärts schwingen

- Den Ball solltest Du im Vergleich zum Standard-Aufschlag weiter rechts treffen

- Im Treffpunkt sind Deine Beine und Dein Oberkörper gestreckt

- Deinen Schläger solltest Du zunehmend zum Treffpunkt hin in Schlagrichtung beschleunigen

- Dein Oberkörper kann dabei in die Schlagrichtung rotieren

- Nach dem Treffen folgen Dein Arm und Dein Oberkörper dem Ball weiter in Schlagrichtung

Twist (Kick)-Aufschlag:

- Dein Schläger sollte mit dem Mittelgriff oder Rückhandgriff gefasst werden

- Ich empfehle Dir eine seitlichere Stellung

- Dein Oberkörper dreht zurück, um eine stärkere Bogenspannung zu erreichen

- Dein Schlägerkopf sollte hinter dem Körpervorwärts-aufwärts beschleunigt werden und durch den Treffpunkt schräg aufwärts schwingen (über den Ball)

- Den Ball solltest Du im Vergleich zum Standard-Aufschlag weiter links (über den Kopf) treffen

- Im Treffpunkt sind Deine Beine und Dein Oberkörper gestreckt

- Dein Schläger solltest Du zunehmend zum Treffpunkt hin in Schlagrichtung beschleunigen

- Dein Oberkörper kann dabei zunächst zur Seite, dann in die Schlagrichtung rotieren

- Nach dem Treffen folgen Dein Arm und Dein Oberkörper dem Ball in Schlagrichtung

Twist Aufschläge/Slice Aufschläge

Ziel: platziert und hoch wegspringend

Du Schlägst mit Twist/Kick auf, und Dein Ball sollte in das markierte Feld (Mitte T-Linie oder nach Außen) hoch abspringen.

Deine Aufschläge sollten nach dem Aufsprung im gegnerischen Feld höchstmöglich direkt am Zaun/Wand landen. Du kannst z.B. eine Schnur als Ziel an der Wand/Zaun befestigen, welche der Ball erreichen muss.

Danach Slice-Aufschläge, die nach außen hin etwas kürzer als die T-Linie, aber mit viel Seitschnitt, wegspringen.

Schlagtraining:

Vorab: Je nach persönlichen Fähigkeiten und Leistungsvermögen kannst Du mit Softbällen, Methodik-Bällen) oder mit neuen Turnierbällen trainieren.

Wichtig ist, dass Du nicht mit der schwersten Übung startest. Beginne Deine Schläge mit wenig Vorwärtsdrall und kontrolliere zuerst diese. Danach kannst Du immer mehr mit Drall arbeiten. Schritt für Schritt. Die Qualität des Trainings erhöht Deine Leistungsfähigkeit, nicht die Quantität.

Hier habe ich für Dich einige Trainingsvorschlä-
ge, welche ich persönlich für den Anfang ideal
finde, da diese einfach zu gestalten und sehr
effektiv sind.

Die Ballwand wird von vielen Trainern oft
belächelt, aber mit den richtigen Aufgaben ist
dies ein abwechslungsreiches Trainingsgerät.
Natürlich ersetzt die Ballwand nicht den zurück-
spielenden Gegner, aber man lernt sehr schnell
Ballgefühl und hat Spaß.

Auch einige namenhafte Top-Spieler haben so
angefangen und sind von der Effektivität
überzeugt.

Ballwand:

Anfangs kannst Du gegen eine Ballwand, Haus-
wand oder Garagentor spielen, um etwas Ballgefühl zu erwerben. Nicht jeder Trainer teilt diese
Ansicht über diese Trainingsmethode. Zu Recht,
wenn Du nur „blind dagegen donnerst".
Aber wenn Du verschiedene Ziele und Markierungen in Dein erstes Training integrierst, dann
trägt dies mit Sicherheit zur Förderung Deiner
Leistungsfähigkeit bei. Lege 10 Markierungs-
linien im Abstand von einem Meter, beginnend
von der Wand. Jetzt ziehe eine Linie im rechten
Winkel in Höhe von ca. 1 m mit einer Schnur,
Kreide, etc. Jetzt versuche so oft wie möglich
über diese Markierung in einem von Dir gewähl-
ten Markierungsbereich zu treffen.
Hierbei trainierst Du schon Schlaggenauigkeit,
Ballgefühl und arbeitest schon auf konstante
Bewegungsabläufe hin. Zu Beginn empfehle ich
Dir kürzere Abstände zur Wand, danach längere.
Spiele anfangs von unten an. Variiere ruhig beim
Anspiel: mal direkt aus der Hand und mal mit
einmaligem Aufspringen.

Wenn dies klappt, übe nun fortlaufende Ballwechsel in einen gewählten Bereich zu spielen.
Z.B. 10 Treffer in den Zielbereich, mit einem
Minimum an Schlägen. Danach fortlaufende Ballwechsel in unterschiedliche Zielfelder, die Du Dir
vor dem Schlagen vornimmst.

Du siehst, selbst ohne menschlichen Trainings-partner bist Du trotzdem in der Lage Deine Tennistechnik zu schulen.

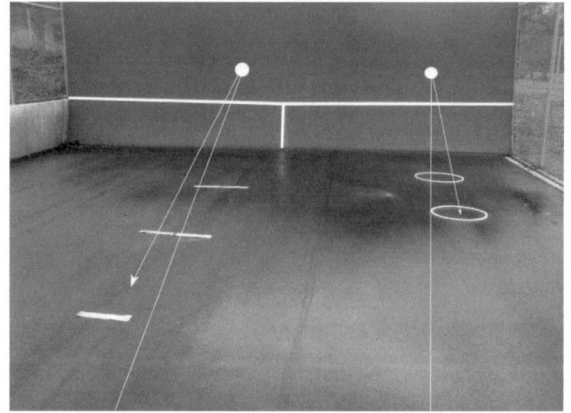

**Persönliche Analyse
(Ballwand: Übung/Schläge/Treffer)
Einheit**

1)
_____

2)
_____

3)
_____

4)
_____

5)
_____

6)
_____

7)
_____

8)
_____

9)
_____

10)
_____

Kommentar:

Mit Trainingspartner:

Anfangs ist es leichter für Dich, unter „idealen" Bedingungen zu trainieren. D.h., keine extremen Windverhältnisse, nicht gestresst oder ausgelaugt zum Spielen gehen, nicht bei extremer Hitze spielen, etc. Da dies dennoch nicht immer so realisierbar ist, hier einige nützliche Tipps:
Bei extremer Hitze regelmäßige Pausen einhalten und ausreichend Flüssigkeit zu Dir nehmen. Ständige Sonneneinstrahlung vermeiden und öfters den Schatten aufsuchen.
Bei Gegenwind mit weniger Spin, bei Rückenwind mit mehr Spin spielen.

Gestresst angekommen?
Erst mal Ausruhen und entspannen. Technikübungen solltest Du entspannt und konzentriert durchführen. Also gönne Dir die paar Minuten, es macht sich bezahlt.

Wichtig: Zu Beginn steht das Spiel/Training miteinander im Vordergrund. Es macht wenig Sinn, dass jeder „wie die Feuerwehr loslegt" und Ihr keinen Ballwechsel zustande bringt. Der Spaß vergeht und Du kannst weder Bewegungsabläufe festigen noch das Schlagen aus unterschiedlichen Situationen mit Zielvorgabe trainieren, welche in erster Linie für Deine sportliche Entwicklung überaus wichtig sind. Diese Übungen sind zwar für Vorhand beschrieben, gelten aber genauso für die Rückhand. Du musst nur dementsprechend Platzhälfte und Schlagseite wechseln.

Anfangs spielt Ihr fortlaufende Ballwechsel im T-Feld mit der Vorhand in die diagonalliegenden Felder. Versucht möglichst mit einem Ball mindestens 20 Ballwechsel/ Ballkontakte zu erreichen. Zuerst zusammen zählen, danach jeder für sich. Wer den Fehler macht, fängt bei Null wieder an. Hier trainiert Ihr Ballgefühl, Geduld, das Spiel miteinander und je weniger Ihr laufen müsst, umso besser wird die Schlaggenauigkeit.

Erfolgreich absolviert, stellt Ihr zur Motivation in der Mitte Eures Spielfeldes zwischen T-Linie und Netz ein Ziel (Dose, Ball, Reifen, Schuh, etc.) auf, welches Ihr treffen sollt. Ihr könnt natürlich auch mehrere Ziele aufbauen, aber bitte nicht zu viele, sonst entwickelt sich das mehr zum „Stolperparcour"☺. Wer zuerst trifft, erhält einen Punkt. Sieger, wer nach einer vereinbarten Zeit die meisten Treffer hat. Danach könnt Ihr die Übungen von der Grundlinie aus durchführen. Das zu treffende Ziel verschiebt Ihr nach hinten zwischen T-Linie und Grundlinie. Falls Du mehr „Bewegung" haben willst, kannst Du Dich nach jedem geschlagenen Ball in Richtung Platzmitte orientieren.

Als nächstes spielt Dein Partner fortlaufend Vorhandbälle diagonal länger als die T-Linie zurück. Du hingegen wechselst mit Vorhand kurz und lang diagonal ab. Nach vereinbarter Zeit spielt Dein Partner abwechselnd lang und kurz diagonal. Du trainierst hierbei Deine Vorhandschläge besser zu kontrollieren und aus dem Laufen heraus kontrollierter zurück zu spielen. Auch hier kannst Du mit unterschiedlich großen Zielfeldern arbeiten. Je kleiner die Zielfelder umso anspruchsvoller die Übung. Aber vergiss nicht: Anfangs zu klein gewählte Felder sind oft „Spaß-Bremsen" und Deine Motivation lässt nach. Variante: Unregelmäßig z.b. 2 x lang, dann 1 x kurz spielen.

Schließlich trainierst Du den Vorhand-longline Schlag. Ihr spielt zunächst im Doppelfeld-Korridor nur Vorhand longline. Danach beginnst Du auf Deiner Vorhandseite vom Einzelfeld. Dein Partner an der Grundlinie direkt gegenüber. Dieser spielt die Bälle abwechselnd in die Mitte des Einzelfeldes und in Richtung Deiner äußeren Vorhandbegrenzung. Du sollst jeden Ball erlaufen und darfst aber nur mit Vorhand zurück zu Deinem Partner spielen. Hierbei trainierst Du das Umlaufen, die Beinarbeit und die Präzision. Nach einer vereinbarten Zeit könnt Ihr tauschen.

Punktspiel:
Ihr spielt Vorhand diagonal die Punkte aus. Bei jedem zählt nur die Hälfte des Einzelfeldes. Sobald ein Spieler Rückhand spielt, wird dies als

Fehler gewertet. Das Anspiel kann von unten oder über Kopf erfolgen. Als Variante zählen auch aus der Luft gespielte Bälle (Volleys) mit der Vorhand. Hier werden Technik, Beinarbeit, Spielintelligenz und Geduld trainiert.

Hier noch eine Übung zur Steigerung: Du spielst jeden Ball diagonal, Dein Partner jeden Ball geradeaus.
Wählt zu Beginn ein langsames Schlagtempo, später kannst Du ja allmählich die Geschwindigkeit erhöhen.
Nach einer vorgegeben Schlaganzahl (z.B. bei 10 oder 20), kannst Du mit Deinem Partner den Punkt ausspielen.

Anwendungsspiel: Du spielst den ersten Ball cross zum Partner. Dieser spielt den ersten Ball cross wieder zurück, danach wird der Punkt auf das komplette Einzelfeld ausgespielt. Anspiel erfolgt im Wechsel einmal von rechts und einmal von links beginnend. Erreicht ein Spieler 10 Punkte, muss der Rückschläger longline zurückspielen. Erreicht ein Spieler 20 Punkte, hat der Returnspieler keine Richtungsvorgabe. Sieger ist, wer als erstes 30 Punkte erreicht hat.

Variationen:

- Direkte Punkte zählen dreifach, um die Risikobereitschaft zu steigern und das offensive als auch das aggressive Spiel zu fördern.

- Anspiel mit Aufschlag von oben.

- Bei fortgeschrittenen Spielern Aufschlag mit Zielvorgabe (z.B. nach außen)

- Bei 20 Punkten z.B. 1.Schlag mit Slice zurückspielen ohne Richtungsvorgabe, etc.

Bei Rückhand unterscheiden wir zwischen der einhändig und der beidhändig gespielten. Bei der einhändigen Rückhand haben wir einen größeren Bewegungsradius, dadurch benötigen wir etwas weniger Schritte zum Ball. Bei der beidhändig gespielten Rückhand können wir verdeckter schlagen und leichter das Tempo erhöhen. Für welche Du Dich letztlich entscheidest, bleibt Dir überlassen. Jede Seite hat Vor- und Nachteile. Es gibt auch Spieler, die Vorhand und Rückhand beidhändig spielen (z.b. Fabrice Santoro, Jean-Michael Gambill).

**Persönliche Analyse
(Übung + Ergebnis/Treffer + Sieger)
Einheit**

1)

_____

2)

_____

3)

_____

4)

_____

5)

_____

6)

_____

7)

_____

8)

_____

9)

_____

10)

_____

Kommentar:

Beintechnik / Beinarbeit (Teil 1):

Der Ball des Gegners kann an extrem vielen Stellen des Platzes zwischen der Grundlinie und dem Netz aufspringen. Dies bedeutet, dass Du Dich aus Deiner jeweiligen Ausgangsposition früh, schnell, ökonomisch (kraftsparend) und präzise genug bewegen sollst. Anschließend bewegst Du Dich danach wieder in eine neue günstige Ausgangsposition. Diese Bewegung nennt man Beinarbeit. Sie gilt im Tennis als leistungslimitierender Faktor und ist daher wenig kompensierbar.

Als Tennisspieler legst Du pro Ballwechsel im Durchschnitt 3-6 Meter zurück. Deine längste Sprintstrecke beträgt etwa 14-15 Meter. Die Laufrichtungen können seitlich (parallel zum Netz), nach vorne (gerade bzw. mehr oder weniger schräg in Richtung des Netzes) oder nach hinten (weg vom Netz) erfolgen. Dabei werden nicht nur geradlinige, sondern oft auch bogenförmige Laufwege zurückgelegt, um einen vor den Schlag hinter den beabsichtigten Treffpunkt des Balles zu kommen und den Platz wieder optimal abzudecken.

Du kannst aus einer festen Schlagstellung (im Stand) als auch aus dem Lauf spielen. Von einer Ausgangsstellung spricht man, wenn der Ball noch nicht im Spiel ist, also beim Aufschlag und beim Return. Von einer Bereitschaftsstellung, wenn der Ball im Spiel ist.

Es gibt eine seitliche und eine offene Schlagstellung. Die offene Schlagstellung ermöglicht eine bessere Oberkörperdrehung (Oberkörperrotation) in der Aushol- und Schlag-phase.
Gute Beinarbeit ist die Voraussetzung für Dein erfolgreiches Schlagen des Balles. Nur bei einem optimalen Abstand zum Ball, wirst Du in der Lage sein genau zu treffen und Dein taktisches Ziel präzise erreichen.
Die Beintechnik spielt eine wichtige Rolle im Tennis. Du kannst über überflüssige Bewegungen sehr viel Kraft verschwenden und ermüdest wesentlich früher (als Dir lieb ist!). Darum gebe ich Dir einige sehr hilfreiche Tipps zur Bewegungsoptimierung:

Bewege Dich stets auf dem vorderen Fußbereich (Fußballen), dadurch kommst Du schneller von der Stelle für Richtungswechsel und Sprints.
Überbrücke größere Laufwege mit anfangs normalen bis großen Schritten, zum Schluss hin (kurz vor dem Schlagen) mit kleinen Schritten um einen optimalen Abstand zum Ball zu erlangen. Außerdem kannst Du bei kleineren Schritten Dein Körpergewicht besser nach vorne in den Schlag verlagern. Kleine Laufwege überbrückst Du mit kleinen Schritten.

Bei langsam ankommenden und/oder kürzer gespielten Bällen empfehle ich, eher beim Schlag durchzulaufen (oder Gewichtsverlagerung vom hinteren auf das vordere Bein). Also nicht aus der stehenden Position zu schlagen, sondern das Körpergewicht in die Schlagbewegung zu integrieren. Dadurch erhöht sich die Schlaggeschwindigkeit und der Ball ist leichter mit Deiner Armführung zu kontrollieren.

Anmerkung: Dies braucht vielleicht anfangs ein wenig Übung, da bei großer Ausholbewegung leichte Koordinationsschwierigkeiten im Treffbereich entstehen können => das Treffen könnte sonst hinter dem Körper erfolgen und nicht davor.

Hier kannst Du entweder die Ausholbewegung verkürzen oder früher Zuschlagen.

Beim Lauf nach hinten, empfehle ich Dir entweder durch sprinten hinter den Treffpunkt des Balls zu kommen oder durch Kreuzschritte (Tango-Schritte). Das direkte Rückwärtslaufen dauert einfach zu lange und ist sehr kräfteraubend.

Generelle Beinarbeit (häufig trainieren):

* Leichtathletische Sprints

* Sprungformen mit/ohne Hindernisse(n)

* Laufen und Werfen kombinieren

* Starten in alle Richtungen

* Exaktes Bremsen aus allen Richtungen

* Richtungsänderungen perfektionieren

* Oberkörperkontrolle und Gleichgewicht
  trainieren

Korrekturen beim Spielen (Beinarbeit):

* Ein Tennisspieler „schwebt" über den
  Platz; lautes Laufen ist ein Zeichen für
  unnötigen Kraftaufwand

* Mehr Fuß- / Wadenarbeit als
  Oberschenkelarbeit

* Ein Spannungsaufbau vor dem Schlag ->
  Gewichts- bzw. Energieverlagerung
  während dem Schlag

* Anpassungsschritte (kleine Beinarbeit)
  trainieren

Körperliche Fitness
(Teil 1):

Die körperliche Fitness (Kondition) sollte nicht vernachlässigt werden. Zwar gibt es übergewichtige Spieler und Spielerinnen, die Bundesliganiveau haben, da sie über exzellentes Ballgefühl, einer klasse Schlagtechnik und Spielübersicht verfügen. Nicht auszudenken, wenn diese Spieler noch die Möglichkeit besäßen, beinahe jeden Ball zu erlaufen und auch im letzten Satz noch die Stop-Bälle des Gegners locker zurückzuspielen....
Zusätzlich spielt der gesundheitliche Aspekt eine gravierende Rolle. Muskuläre Dysbalancen und unnötige Überbeanspruchung der Gelenke können zu ernsthaften gesundheitlichen Problemen führen. Deshalb sollte (vor allem) auch ein Tenniseinsteiger/Hobbyspieler Kräftigungs- und Ausgleichsübungen betreiben.
Im Leistungsbereich findet Konditionstraining regelmäßig statt. Hier sind einige Übungen die leicht und beinahe überall durchzuführen sind:

Springseil:

- Du schwingst das Seil mit einer Viertelumdrehung nach vorne u. anschließend mit einer Viertelumdrehung nach hinten (hinter den Körper). Dazwischen solltest Du so viele Tappings (Vorderfuß kontaktiert den Boden mit höchster Frequenz) wie möglich erreichen.

- Du springst auf der Stelle (zuerst einmal ohne Zwischensprünge, später kannst Du mit).
Durch Richtungsanzeigen des Partners oder Trainers, läufst Du in die Richtung, während Du weiterhin mit dem Seil schwingst. Nach rechts und links mit Sidesteps (und/oder Kreuzschritten), vorwärts normal und zurück mit Rückwärtsschritten.
Einen Durchgang mit dem Seil Vorwärts und anschließend Rückwärts schwingend.

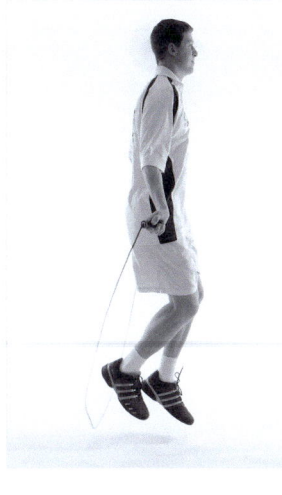

Persönliche Analyse
(Kondition: absolvierte Übung+Zeit)
Einheit

1)
_____

2)
_____

3)
_____

4)
_____

5)
_____

6)
_____

7)
_____

8)
_____

9)
_____

10
_____

Kommentar:

Fit Ball / Petzi Ball / Gesundheitsball:

- Du setzt Dich auf den Ball und „rutschst" mit einem Bein so weit nach vorne wie möglich und bremst gleichzeitig Dein Gewicht ab, um anschließend wieder Deine Ausgangsposition zu erreichen. 12-mal auf beiden Beinen, 12-mal auf dem rechten und 12-mal auf dem linken Bein.

- Du setzt Dich auf den Ball und „rutschst" federnd seitlich bis zur maximalen Belastung nach außen und anschließend wieder in die Ausgangsposition. 12-mal mit beiden Beinen, danach 12-mal mit dem äußeren Bein.

- Steigerung der Rumpf- und Beinmuskulatur: Du liegst mit dem Rücken leicht aufgerichtet auf dem Ball. Dein Partner wirft Dir einen Medizinball (je nach Leistungsstufe zwischen 1,5 und 5,0 Kilo) zu, den Du über Kopf schnellkräftig zurückwirfst. 12 Würfe auf beiden Beinen, 12 auf dem linken und 12 auf dem rechten Bein.

- Steigerung der Schultermuskulatur: Du setzt Dich Aufrecht, mit dem Rücken zum Partner, auf den Ball. Du wirfst einen Medizinball rückwärts, (mit Medizinball am Rücken beginnend) zum Partner zurück. Anschließend drehst Du Dich leicht um, um diesen wieder vom Partner zugeworfenen Ball zu fangen. 12-20 Würfe sind empfehlenswert.

Persönliche Analyse
(Kondition: absolvierte Übung+Zeit)
Einheit

1)
_____

2)
_____

3)
_____

4)
_____

5)
_____

6)
_____

7)
_____

8)
_____

9)
_____

10
_____

Kommentar:

Kräftigung: Trizeps / Brust:

Liegestütze auf Medizinball in verschiedenen Tempoausführungen: z.B. 12-mal normales Tempo, 12-mal langsam nach oben drücken, 12-mal schnell nach oben drücken. Beachte: nur korrekt ausgeführte Übungen führen zum Erfolg => Qualität vor Quantität.

Persönliche Analyse
(Kondition: absolvierte Übung+Wdh.)
Einheit

1)
_____

2)
_____

3)
_____

4)
_____

5)
_____

6)
_____

7)
_____

8)
_____

9)
_____

10)
_____

Kommentar:

Körperstabilisation im Seitstütz:

Mindestens 30 Sekunden halten, besser 1-2 Minuten. Danach dann Seitenwechsel. Mehrere Durchgänge sind möglich.

Persönliche Analyse (Kondition: absolvierte Übung+Zeit)
Einheit

1)

_____

2)

_____

3)

_____

4)

_____

5)

_____

6)

_____

7)

_____

8)

_____

9)

_____

10

_____

Kommentar:

Coreweb / mehrere Koordinationsleitern nebeneinander :

- Du setzt jeweils den ersten Platzierungsschritt über Kreuz in das vordere, mittlere Feld des Coreweb. Einen Durchgang. Im nächsten Durchgang setzt Du den ersten Platzierungs- schritt über Kreuz in das hintere, mittlere Feld des Coreweb. Einen Durchgang. Insgesamt 10-20 Durchgänge im Wechsel.

- Du springst vom ersten äußeren Feld zum letzten gegenüberliegenden Feld. Anschließend mit Sidesteps zurück. Dabei simulierst Du einen Volleyschlag. (Vorhand od. Rückhand)

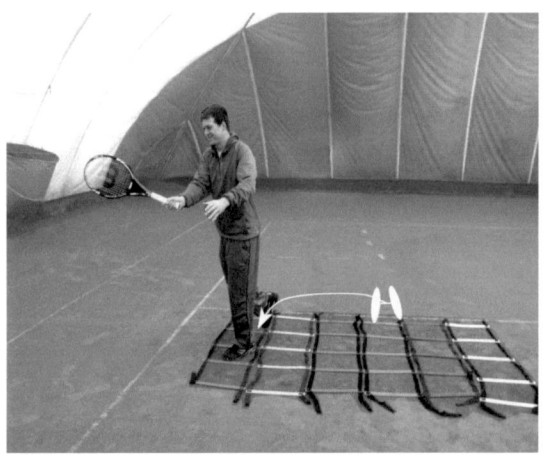

Persönliche Analyse
(Kondition: absolvierte Übung+Zeit)

Einheit

1)
_____

2)
_____

3)
_____

4)
_____

5)
_____

6)
_____

7)
_____

8)
_____

9)
_____

10
_____

Kommentar:

2 Tennisschläger:

- Du bremst den ankommenden Ball mit dem einen Schläger, und spielst diesen mit dem Schläger in der anderen Hand zurück ins Spielfeld.

- Du spielst einen Ball von unten nach oben auf der Stelle mit einem Schläger, mit dem anderen Schläger balancierst Du einen Ball auf der Schlagfläche. Falls dies zu schwer sein sollte, darf der nach oben gespielte Ball dazwischen einmal auf den Boden aufspringen.

Tennisspezifisches Krafttraining
mit Medizin-Ball

Tennisbewegungen auf dem Platz mit Hilfe von Basketball- und/oder Medizin- Bällen durchführen.

Z.B. Ausgangsstellung an der Grundlinie in der Mitte beginnend. Beide Hände halten den Ball vor dem Körper (Bauchhöhe). Auf Kommando wird eine vorgegebene Richtungsroute im Eiltempo absolviert. Dazu werden mehrere Markierungen auf dem Platz verteilt (z.B. Stangen, Kegel, etc.).

Du wirfst an jeder Markierung mit dem vorher vorgegebenen Schlag (Vorhand, Rückhand, Volley, Schmetterball, Lob erlaufen und zurückwerfen). Dein Partner wirft dosiert in die Richtungen. Die Qualität der Ausführung sollte immer im Vordergrund stehen.

Dadurch werden Laufökonomie, Schlagschnelligkeit und Koordination trainiert, welche für Deine spätere Leistungssteigerung benötigt werden.

Die Markierungen/Richtungsvorgaben sollten variieren, ebenso die „Spielzüge" um ein hohes Spektrum zu ermöglichen. Ebenfalls sinnvoll ist es verschiedene Schlagstellungen wie „offen" und „geschlossen" in diese Übungen zu integrieren.

Dies hilft Dir in schwierigen Spielsituationen eine bessere Kontrolle zu erreichen. Auch solltest Du auf die Bein- und Fußbewegungen nach der Schlagausführung achten.

Insbesondere der Bewegungsausführung von Kreuzschritten, Sidesteps und Richtungswechseln. Je weniger Kontaktzeit der Fuß mit dem Boden hat, desto schneller bist Du auf dem Platz.

**Persönliche Analyse
(Kondition: absolvierte Übung + Zeit)**

Einheit

1)
_____

2)
_____

3)
_____

4)
_____

5)
_____

6)
_____

7)
_____

8)
_____

9)
_____

10)
_____

Kommentar:

Taktik

Definition: Taktik ist der zweckmäßige Einsatz der Technik in der jeweiligen Situation.

Die Taktik richtet sich nach dem technischen Leistungsniveau. Je besser die Technik ist, je mehr Lösungsmöglichkeiten bieten sich Dir als Spieler in den jeweiligen Situationen.

Erstes Ziel: Mehr Zeit haben, als der Gegner

Mehr Zeit bedeutet weniger Stress und Hektik im eigenen Spiel. Du hast Zeit zum Überlegen wohin Du den nächsten Ball platzierst, zu sehen wo der Gegner steht oder wohin sich dieser bewegt. Du erreichst dies, wenn der Gegner enorme Laufwege zurücklegen muss, um Deine Bälle zu erreichen. Je mehr er strecken, hechten und sprinten muss, umso größer werden Deine Aussichten auf den Punktgewinn.

Zweites Ziel: Fehlerquote reduzieren

Tja, vom fehlerfreien Spielen träumt natürlich jeder, ist aber kaum realisierbar. Es reicht aber meistens aus, wenn Du Deine eigene Fehlerquote minimierst.

Denn nun ist Dein Gegner gezwungen mehr direkte Punkte zu machen. Folglich spielt dieser riskanter und macht dabei auch mehr Fehler.
Sei also geduldig und warte auf Deine Chance- Es lohnt sich.

Wende im Match nur die Schläge an, die Du auch beherrschst, ansonsten steigt unnötig das Fehlerrisiko.

Jetzt bist Du gut informiert und kannst mal richtig loslegen.
Ich wünsche Dir viel Spaß und gutes Gelingen.
Nie ungeduldig werden! Je bewusster Du trainierst, umso schneller stellt sich der Erfolg ein.

Falls noch Probleme bei Deiner Schlagausführung (bezüglich Genauigkeit) auftreten, kommen hier ein paar nützliche Infos zur Verbesserung Deiner Schläge:

Probleme bei Grundschlägen (VH und RH)

1. Ball fliegt zu lang?

Lösungsmöglichkeiten:

a) spiele mit mehr Spin

b) ziele mehr in Richtung der Netzkante

c) reduziere Deine Schlaggeschwindigkeit

2. Ball fliegt ins Netz?

Lösungsmöglichkeiten:

a) überprüfe Deine Armführung (länger und direkter zum Treffpunkt schwingen)

b) ziele höher über Netzkante

c) Schlaggeschwindigkeit zum Schluss hin erhöhen

3. Kurzer Ball wird nicht erreicht?

Lösungsmöglichkeiten:

a) Durchlaufen und nicht zu früh stehen bleiben

b) Schläger beim Laufen vor dem Körper lassen

c) Früher reagieren (mehr Reaktionstraining)

d) Sprints trainieren (verstärkt Antritt)

4. Ball fliegt seitlich ins Aus?

Lösungsmöglichkeiten:

a) Zielrichtung der Armführung verändern (weiter ins Feld zielen)

b) Gewichtsverlagerung mehr in die Richtung des angestrebten Zieles (Gewichtsverlagerung ist zu sehr nach außen verlagert, dadurch erschwert dies die Armführung)

Persönliche Analyse
(Lösung aufschreiben z.B.1a, 2b, etc.)

Einheit

1)
_____

2)
_____

3)
_____

4)
_____

5)
_____

6)
_____

7)
_____

8)
_____

9)
_____

10)
_____

Kommentar:

Probleme beim Flugball (Volley)

1.Ball fliegt ins Netz

Lösungsmöglichkeiten:

a) Armführung länger in Richtung des Zieles und zur Netzkante hin mehr durchlaufen

b) Schläger vor dem Köper (Vermeidung des Treffens hinter dem Körper=> zu spät)

2.Ball fliegt zu lang

Lösungsmöglichkeiten:

a) Armführung mehr in Richtung der Netzkante

b) Rückenlage beim Schlagen vermeiden (meistens durch zu große Schritte)

Persönliche Tages-Analyse
(aufschreiben z.B.1a, 2b, etc.)

Einheit

1)
_____

2)
_____

3)
_____

4)
_____

5)
_____

6)
_____

7)
_____

8)
_____

9)
_____

10)
_____

Kommentar:

Probleme beim Aufschlag (Service)

1. Ball fliegt ins Netz:

Lösungsmöglichkeiten:

a) Armführung und Schlägerspitze länger in Richtung des Zieles Oberkörper beim Treffen länger gerade lassen (kein Abknicken des Oberkörpers)

b) Ballwurf weiter nach hinten verlagern (häufig ist der Ball zu weit vor den Körper geworfen)

2. Ball fliegt zu lang:

Lösungsmöglichkeiten:

a) Armführung und Schlägerspitze steiler vorwärts abwärts in Richtung der Netzkante (häufig wird zu niedrig getroffen, da oft auch zu niedrig geworfen und der Schläger beim Treffen von unten nach oben geführt wurde)

b) Treffpunkt des Balles weiter nach vorne verlagern

Persönliche Analyse
(Lösung aufschreiben z.B.1a, 2b, etc.)

Einheit

1)
_____

2)
_____

3)
_____

4)
_____

5)
_____

6)
_____

7)
_____

8)
_____

9)
_____

10)
_____

Kommentar:

Jetzt haben wir einige Grundlagen in den Bereichen Technik, Taktik und Kondition geschaffen. Nun erweitern wir diese und kommen nun in den Bereich der Psychologie. Damit ist nicht gemeint, dass Du jetzt zum Psychiater und diesem Deine Probleme mit Deinem Partner erzählen musst.

Nein, vielmehr solltest Du lernen, wie Du Dich entspannen, motivieren und eine Basis für eine bessere Aufnahmefähigkeit (Konzentration) erreichen kannst. Je höher das Leistungsniveau ist, umso mehr spielen Psyche und Umfeld des Sportlers eine Rolle. Hinzu kommt eine möglichst optimale Wettkampfplanung des Athleten mit richtiger Dosierung zwischen Belastung/Leistung und Pause/Regeneration.

Die Auswahl des richtigen Tennisschlägers:

Schlägerkopfgröße:

Es gibt heutzutage eine Auswahl zwischen 85 bis 137 Square Inch auf dem Markt. Ein größerer Schlägerkopf (Treffläche) bietet mehr Beschleunigung, ein leichteres Spiel aber leider weniger Kontrolle. Je besser Du (technisch) bist, desto kleiner kann Dein Schlägerkopf sein.

Schlägergewicht:

Beim Gewicht Deines Schlägers spielt der Balancepunkt (Schwerpunkt des Schlägers, vom Griffende aus gemessen) eine sehr wichtige Rolle. Balancepunkt und das reine Schlägergewicht ergeben das Schwunggewicht (Swingweight). Man könnte dies auch als ein „gefühltes Gewicht" bezeichnen.
Beim Tennisschläger des Deutschen Michael Berrer wiegt das reine Schlägergewicht ca. 346g, der Balancepunkt liegt bei 306mm. Dadurch „fühlt" sich das Racket recht leicht an.
Der Spanier Carlos Moya hingegen spielt einen Schläger, dessen Balancepunkt ziemlich genau 366mm beträgt.

Das reine Schlägergewicht ist zwar nur leicht über 300g, doch durch seinen hohen Balancepunkt „fühlt" sich der Schläger enorm schwer an. Dies ist schon ein sehr hohes Schwunggewicht im Profitennis.

Bedeutung für Dich als Spieler:

Ein niedriger Balancepunkt bringt zwar weniger Power, dafür ist dieser aber wesentlich einfacher zu manövrieren. Moya spielte mit einer extremen Rotations-Bewegung im Unterarm, die Arbeit leistete hauptsächlich der Schlägerkopf. James Blake hingegen arbeitete mehr mit dem gesamten Schläger.

Extreme Topspin-Spieler bevorzugen in der Regel einen Schläger mit höherem bzw. hohem Balancepunkt.

Spieler mit einem klassischen Stil oder Spieler die sehr häufig ans Netz gehen würden sich eher für einen schweren Schläger mit niedrigem Balancepunkt entscheiden.

Je mehr Du als Spieler mit Unterarm-Rotation und Topspin arbeitest desto eher sollte mehr Gewicht im Schlägerkopf als im Griff sein. Das reine Schlägergewicht sollte je nach Fitness und Können gewählt werden. Dein Schläger sollte aber nur so schwer sein, wie Du diesen noch ohne Probleme rechtzeitig zum Treffpunkt bewegen kannst. Wenn die Kraftanstrengung zu hoch ist, solltest Du das Schwunggewicht reduzieren. Entweder das reine Schlägergewicht oder den Balancepunkt verändern.

Rahmenprofil:

In der Regel gilt: je breiter Dein Schlägerrahmen und je moderner Dein Schlägerquerschnitt ist, desto mehr Eigendynamik hat Dein Racket. Dieses gibt ein höheres Maß der Energie, welche der ankommende Ball mitbringt, wieder an den Ball zurück. Dieser „Geschwindigkeitsgewinn" geht aber oft zu Lasten der „Kontrolle" und des „Schlaggefühls".

Wenn Du also nicht weiter als ca. 2m an die Linie spielst, macht auch eine Streuung von etwa 1,5m nichts aus.

Falls Du aber sehr exakt an die Linien spielst, dann macht diese Streuung sehr viel aus. Je präziser Du spielst, desto weniger Eigendynamik sollte Dein Schläger haben.
Die Power wird dann aus der Technik und dem Schlägergewicht erreicht.

Armschonung:

Armschonung ist eigentlich immer individuell. Hier sollte man Deine Physis und Technik mit einbeziehen.
Eine hohe Eigendynamik Deines Schlägers und diverse Dämpfungssysteme können eine große Vibrationsdämpfung bewirken.

Aber Vorsicht:

Ein extremes „wegdämpfen" könntest Du als sehr unangenehm empfinden und krampfhaft nach einer Rückmeldung Deines Schlägers suchen.
Deine Muskulatur könnte dann dabei verkrampfen und im extremen Fall bei Dir sogar Armschmerzen verursachen.
Vor allem als guter Spieler solltest Du hier besonders aufpassen.

Deshalb auch hier: ausprobieren und testen!

Griffstärke:

Welche Griffstärke für welchen Spieler? Das Fragen sich immer wieder viele Tennisspieler. Je dünner Dein Griff ist, umso mehr „Gefühl" hast Du beim Schlagen.
Meiner Meinung nach solltest Du viele verschiedene Griffstärken ausprobieren und Dich für den entscheiden, der am angenehmsten ist.

Der Deutsche Michael Stich hatte zu seiner aktiven Zeit mit die größten Hände im Profitennis und spielte mit Griffstärke 2.
Der Amerikaner Michael Chang mit relativ kleinen Händen Griffstärke 4. Nur Du selbst kannst die Antwort geben, welcher Griff für Dich der richtige ist. Hierbei solltest Du Dir genug Zeit zum Testen nehmen.

Schlägerlänge:

Im Erwachsenen Bereich liegt die Standardlänge etwa bei 68,5cm, maximal erlaubt sind bis zu 73,66cm Schlägerlänge. Bei Überlänge (also länger als die üblichen 68,5cm) ist der Abstand von Treffpunkt auf der Schlagfläche und Hand entscheidend. Ein längerer Hebel bewirkt natürlich mehr Kraftübertragung, aber diese ließe sich auch mit anderen Spezifikationen erreichen. Bei Anfängern wäre meinem Erachten nach ein verlängerter Schläger zunächst weniger sinnvoll, da viele meist zu eng am Ball stehen und somit noch größere Abstandsprobleme hätten.

Fazit:
Zu Beginn solltest Du als Tennisanfänger ein leichtes Racket mit größerer Schlagfläche und viel Eigendynamik nehmen, damit schnelle Lernerfolge erreicht werden. Je trainierter und besser Du als Spieler wirst, umso mehr solltest Du zu den „sportlichen" Turnierschlägern tendieren.
Optimal wäre es, wenn Du den Schläger Deinem Leistungsniveau angleichst. Es sollte Dir möglich gemacht werden, zwischen verschiedenen Modellen in Deiner Leistungsentwicklung jeder-zeit wechseln zu können. Dies würde Dich in Deiner sportlichen Entwicklung enorm unterstützen.

Saitenauswahl

Die Auswahl der Saite und die Bespannungshärte sind ein wichtiger Faktor. Eine Saite muss
zu Deinem Schläger und zu Dir als Spieler
passen. Eine fachgerechte Beratung ist hierbei
unbedingt wichtig.

Heutzutage werden verschiedene Saiten-
kombinationen angeboten, sogenannte Hybrid-
Saiten. Naturdarmsaiten sind in ihren Komfort-
eigenschaften (Elastizität und Lebendigkeit) unübertroffen, Polyestersaiten sind vor allem auf
Kontrolle ausgelegt.

Eine Möglichkeit wäre, längs Polyester und quer
eine Naturdarmsaite aufzuziehen. Damit würde
man Haltbarkeit und Kontrolle mit mehr Komfort
kombinieren. Häufig wird auch die umgekehrte
Variante gewählt. Längs Naturdarm für ein
angenehmes Spielgefühl und enorme Power,
quer eine Polyestersaite um die Kontrolle zu
erreichen, welche bei schnellen Schlägen benötigt wird. Prominentester Spieler dieser Saitenkombination ist der Schweizer Roger Federer.

Nun gibt es zahlreiche Unterschiede in Sachen Tennissaite auf dem Markt. Hier die Aufführung verschiedener Saiten, inklusive deren Eigenschaften:

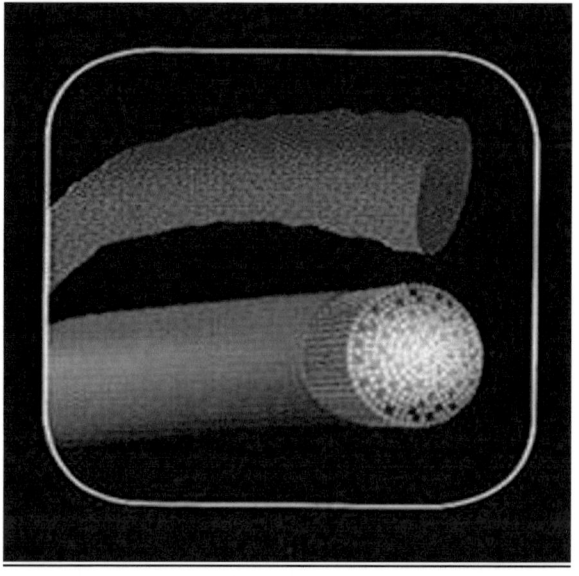

Abb.: Hybrid: Monofile Saite (oben) & Naturdarm (unten) / Foto: Wilson

Monofile Saite:

- Besteht hauptsächlich aus Polyester und sind einfach (mono) gezogen

- Günstiger Preis, hohe Reißfestigkeit, gute Kontrolle

- Die Spielbarkeit dieser Saite lässt schnell nach und der Komfort ist sehr gering

Naturdarmsaite:

- Besteht zumeist aus Rinder- oder Schafsdarm

- Ist unübertroffen in den Eigenschaften Elastizität, Lebendigkeit und Spielbarkeit

- Preislich etwas teurer und witterungsanfälliger (gibt aber schon mehrfach ummantelt und mit Witterungsschutz)

Multifile Saite:

- Besteht aus verschiedenen synthetischen Materialien, mehrere (manchmal auch über 1000) Filamente werden verdrillt und zu einer Saite verflochten

- Ist fast so komfortabel wie eine Naturdarmsaite, jedoch weniger witterungsanfällig und in der Regel günstiger

- Die Haltbarkeit ist geringer als bei einer monofilen oder Solid- Core- Saite

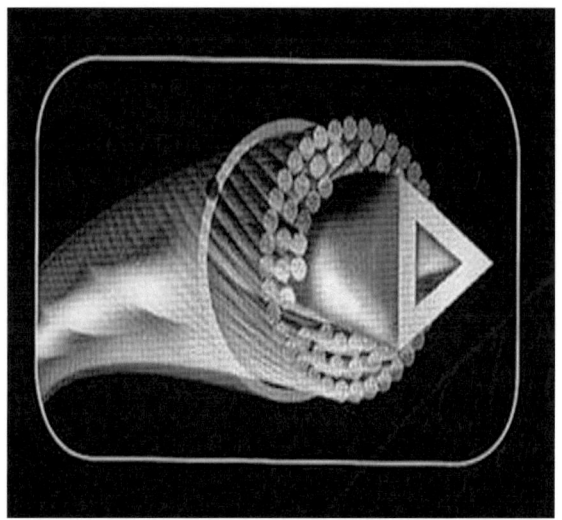

Abb.: Solid-Core-Saite / Foto: Wilson

Solid-Core-Saite:

- Besteht hauptsächlich aus Nylon (fester Kern mit dünnen Filamenten ummantelt)

- Gutes Preis-/Leistungsverhältnis

- Erreicht nicht die Reißfestigkeit einer mono-filen, noch Elastizität und Komfort von multi-filen Tennissaiten

Welche Saite für welchen Spieler?

Für Kinder und den meisten Club- bzw. Hobbyspielern würde ich von Polyestersaiten abraten.
Diese sind zwar sehr günstig in der Anschaffung, haben aber einen riesen Nachteil: Den beim Schlag entstehenden Aufprallschock, besonders bei unsauber getroffenen Bällen, wird nahezu ungedämpft in den Schlagarm weitergeleitet. Hinzu kommt, dass diese Saiten länger halten, als diese spielbar sind.

Nach ca. 15-25 Stunden sind die meisten Poly-Saiten einfach tot. Spielt man diese deutlich länger, könnte man dabei im Ernstfall gesundheitliche Schäden riskieren.

Bei multifilen Saiten ist die Spielbarkeit auch noch nach Monaten richtig gut. Polyestersaiten machen meiner Meinung nach nur bei technisch und athletisch guten Spielern Sinn, die extreme Kontrolle bei ihren Schlägen benötigen.
Der Spanier Rafael Nadal spielt eine Polyester-saite, weil er bei seinen aggressiven Schlägen enorme Kontrolle braucht.
Aber nach spätestens einer Stunde wird diese gewechselt und nicht weil diese gerissen ist, sondern weil diese Saite einfach verbraucht ist.

Interessanter Weise höre ich oft den Satz:

„Boris, ich bekomme keine Power mehr raus, weil meine Bespannung zu weich ist!"

Da kann ich meistens nur den Kopf schütteln.

Eine weichere Bespannung bringt ja normalerweise mehr Power, aber wenn die Tennissaite keine Elastizität mehr hat, wird beim Auftreffen des Balles im Saitenbett quasi die Energie aufgesaugt und die Saite kann fast keinen Impuls mehr auf den Ball weitergeben. Hier sollte schnellstens eine neue Bespannung auf den Schläger, sonst kann es zu Armproblemen kommen.

Bespannungshärte:

Ich persönlich würde Dir eher zu einer etwas weicheren Bespannung tendieren. Lieber bekommt der Ball etwas mehr Geschwindigkeit und Du hältst Dich etwas mit Deiner Kraft zurück, als dass Du stärker als gewohnt bei jedem Schlag zuschlagen musst, um die gewünschte Länge zu erhalten.
Jeder Spieler hat eine bestimmte Flächenhärte (DT-Wert), welche für ihn angenehm ist. Dieser Wert ermittelt sich aus der Kraft in kg, welche nötig ist, um das Saitenbett einen Zentimeter einzudrücken.

Wenn man eine Polyestersaite mit 24 kg bespannt und eine Naturdarmsaite oder multifile Saite mit dem gleichen Gewicht auf einem gleichen Schläger aufziehe, ist die Flächenhärte sehr unterschiedlich.

Wenn Du die richtige Flächenhärte für Dich gefunden hast, brauchst Du nur noch die Saite (oder Saitenkombination) zu finden, welche die entsprechenden Spieleigenschaften wie Beschleunigung, Komfort und Kontrolle besitzt. Dies ist zwar meist etwas kompliziert und ein wenig zeitaufwendig, aber es macht sich auf alle Fälle bezahlt.

Durch die richtige Auswahl von Schläger, Saite und Bespannungshärte kannst Du Dein Leistungsniveau zusätzlich enorm verbessern.

Ich habe Verständnis für Studenten, Schüler und sportliche Spieler (die wenig Geld zur Verfügung haben und ihre Saite innerhalb von ein paar Stunden zum reißen bringen), wenn diese eine günstige Bespannungsmaschine kaufen und den Job selber erledigen.

Absolut „null" Verständnis habe ich, wenn solche Leute aber meinen, sie müssten in ihrem Club den Hobby- und Seniorenspielern für 10 € eine billige Saite (im Extremfall eine billige Polyestersaite) bespannen.

Oft wird dies „schwarz", also illegal, durchgeführt zum anderen ist es eine Qualitätsfrage.

Leute, die bei einem dieser „Helden" bespannen lassen, stelle ich gerne eine Frage:
„Dein Nachbar hat sich einen Werkzeugkoffer aus dem Baumarkt gekauft und schraubt gelegentlich an seinem Auto herum. Warum lässt Du IHN nicht die Inspektion von Deinem neuen Auto durchführen?"

Die meisten Leute begreifen dann, was ich damit ausdrücken möchte. Den anderen gebe mit einem Lächeln die Adressen von einigen sehr guten Sportmedizinern und Physiotherapeuten, welche dann später ihren Tennisarm behandeln können.

Viele „Hobby-Besaiter" ziehen meist die Saite drauf, welche gerade da ist und/oder „billig" eingekauft wurde und nicht eine Saite, welche zum Kunden und Schläger passt.

Besaitungsmaschine:

Eine gute Maschine ist die Basis für eine optimale Besaitungshärte.

Ich empfehle Dir hier elektronische Maschinen mit Nachregelautomatik und sehr guten Haltezangen (z.B. Wilson Baiardo).

Eine Nachregelautomatik verhindert einen Spannungsverlust und schlechte Zangen können ein Durchrutschen der Saite erlauben oder diese sogar verletzen.

Deshalb solltest Du lieber ein bisschen mehr Geld ausgeben, um ein exaktes Arbeiten zu ermöglichen.

Die beste Maschine ist aber nur so gut wie ihr Besaiter. Leider lässt dies heutzutage oft genug auch in sogenannten „Fachgeschäften" zu wünschen übrig, da oft genug mehr der Profit als die Qualität im Vordergrund steht.

Abb.: Wilson Baiardo / Foto: Wilson

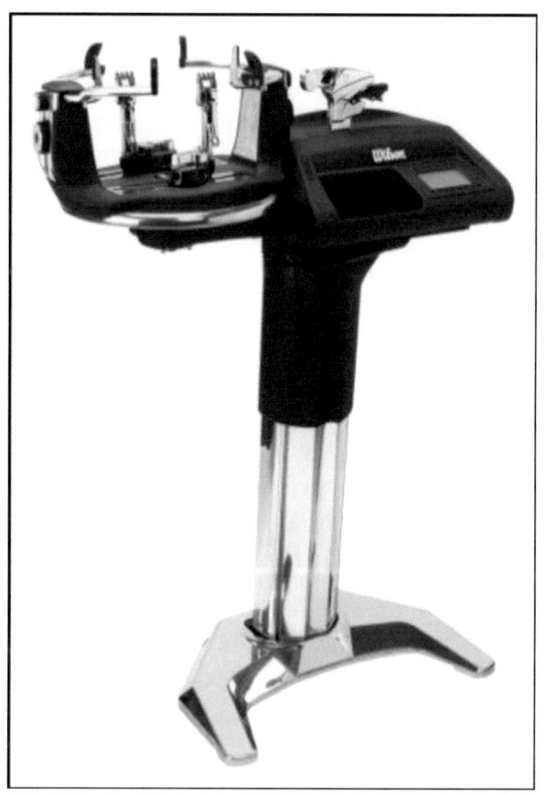

Das richtige Besaiten:

Es gibt zwei Möglichkeiten beim Besaiten: die 2-Knotentechnik oder die 4-Knotentechnik.
Generell empfehle ich die 4-Knotentechnik, da diese bei unterschiedlichen Besaitungshärten der Längs- und Quersaiten einfach präziser ist.
In der Regel reichen ca. 6,5 m für eine Längs- und ca. 5,5 m für eine Querbespannung. Je nach Kopfgröße und Besaitungsschema (16/18, 16/19 oder 18/20) kann dies leicht abweichen.
Man sollte von der Mitte des Schlägers aus beginnen. Durch fixieren mit einer Starterklemme oder einer Haltezange an der Saite arbeitet man sich zum äußeren Schlägerrahmen hin. Dadurch verteilt sich die Spannung gleichmäßig auf dem Schläger. Also z.B. 3 Saiten von der Mitte nach links außen, dann 3 Saiten von der Mitte aus nach rechts außen. Bis man bei den letzten Längssaiten angekommen ist. Diese werden nun ca. 10-15 % härter besaitet, um den Spannungsverlust zu minimieren. Hierbei sollte man auch mit einem Besaitungs-Ahl arbeiten. Dieser wird zur Fixierung in das Ösenloch gesteckt. Dann kann man den Doppelknoten anwenden.
Bei der Quersaite solltest Du ein direktes durchziehen vermeiden, da sonst die Längsseite beschädigt bzw. „angekerbt" wird. Dies führt zu einem schnelleren Reißen der Saite. Besser ist es, die Saite zum unteren Punkt hin vorsichtig zu ziehen, da dadurch kein „anreißen" der Saite erfolgt. Bei Naturdarmsaiten musst Du besonders aufpassen. Auch hier solltest Du bei der letzten Quersaite mit ca. 10-15 % mehr Härte bespannen.

Spielzugtraining: Aufschlag mit anschließendem Flugball (Serv & Volley)

1.Spielzug:

Ziel: Aufschlag platzieren, Gegner in Bedrängnis bringen, eine günstige Netzposition erreichen und den Punkt mit dem Flugball beenden.

Du schlägst mit Twist/Kick oder Slice dementsprechend nach außen auf, läufst dem Ball hinterher und spielst den ankommenden Return auf die freie Seite des gegnerischen Spielfeldes. Falls Du durch die Mitte aufschlägst, sollte der anschließende Flugball so gespielt werden, dass der Gegner den weitesten Laufweg oder die kürzeste Reaktionsmöglichkeit hat.

2.Spielzug:

Aufschlag-, Return- und Volleyvorgabe

Ziel: Verschiedene, im Match vorkommende Spielsituationen durchspielen und die für den Spieler beste Lösungsmöglichkeit finden.
Hier einige Beispiele:

- Du schlägst mit Kick/Slice nach außen auf,
  Dein Partner returniert cross (sehr gut wäre mit verschiedenen Drall- und Tempovarianten; also z.B. mit viel Spin kurz cross oder Return-

Schuss diagonal) und Du spielst den Volley longline (auch variabel kurz oder lang- langsam oder schnell. Danach wird der Punkt ausgespielt.

- Du schlägst mit Kick/Slice nach außen auf, Dein Partner returniert longline (auch hier sollten verschiedene Drall- und Tempo-varianten durchgespielt werden, z.B. Slice- oder Topspin-Return), danach spielst Du den Volley cross (kurz oder lang- langsam oder schnell). Anschließend wird der Punkt ausgespielt.

Zum Beispiel:

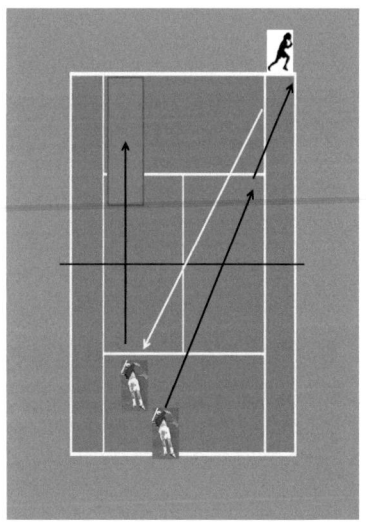

Persönliche Spielzüge (Spielzug = SZ)
(z.B. 1.SZ Kick sicher, 2.SZ Slice viele Fehler)

Einheit

1)
_____

2)
_____

3)
_____

4)
_____

5)
_____

6)
_____

7)
_____

8)
_____

9)
_____

10)
_____

Kommentar:

Tennistraining mit dem Coach

Wer über dieses Buch hinaus intensiv mit sich und seiner Leistungsfähigkeit arbeiten möchte, wird an einem persönlichen Trainer nicht vorbeikommen.

Bei der Auswahl dieses Trainers, ist es ganz wichtig, was genau man verändern, verbessern oder verhindern möchte. Viele Trainer haben im Internet eine Präsenz auf der man sich über ihre Methoden, Sichtweisen, Spezialgebiete (z.B. Hochleistungssport, Kleinkinder, etc.) und Kompetenzen erkundigen kann.

Wichtig ist, dass die Methoden und Arbeitsweisen sympathisch erscheinen. Darum immer eine Probestunde absolvieren, bevor man sich bindet.

Der Autor hilft gerne bei der Auswahl und Suche eines geeigneten Trainers/Coach in Deiner unmittelbaren Umgebung und/oder steht selbstverständlich auch selber für verschiedene Aufgabenstellungen zur Verfügung (siehe auch Kontakt zum Autor).

Psychologie:

Tennis ist eine der wenigen Sportarten, welche in jedem Lebensalter erlernt werden kann. Und richtig Spaß macht es dann, wenn man seinen Gegner „vom Platz gefegt" hat. Meine Erfahrung im Anfängerbereich mit Kindern, Jugendlichen als auch mit Erwachsenen ist die, dass fast alle innerhalb weniger Stunden oder Tage schon perfekt Tennis spielen wollen. Egal welche Altersgruppe – fast alle besitzen eine enorme Motivation und Lernbereitschaft, aber leider auch eine sehr große Ungeduld.

Durch abwechslungsreiche Trainingsgestaltungen mit Übungen, welche die Schüler fordern (nicht überfordern!), ist eine Erhaltung der Lernbereitschaft und damit der Motivation gewährleistet.

Die heutzutage allgemeine „Hektik und Schnelllebigkeit" hat sich mittlerweile leider auch auf die Tennisschüler übertragen. Deshalb ist es umso bedeutsamer, die zur Verfügung stehende Zeit möglichst optimal zu nutzen.

Ein Beispiel aus dem Profi-Tennis:

Ein Schwedischer Tennisspieler, der etwa um die 200 der Weltrangliste stand, rutschte bis auf Position 400 ab. Der Vater tadelte seinen Sohn wie schlecht er spiele und dass er nie ein guter Tennisspieler werde.

Der Trainer wusste lange keinen Rat, bis er das Training total anders gestaltete. Von nun ab lud er viele Freunde, Verwandte und Bekannte zum Training ein. Sie hatten die Aufgabe, bei jedem gut gespielten Ball zu applaudieren und freudig zu reagieren. Bei schlecht gespielten Bällen gar nicht zu reagieren. Der Vater durfte nur noch positiv über Tennis und Training reden, was ihm mit Sicherheit anfangs schwer fiel. Und tatsächlich stellte sich auch hier eine enorme Leistungssteigerung ein. Der Schwede wurde immer besser und das Tennis machte ihm wieder richtig Spaß. Er kam sogar unter die besten 10 der Weltrangliste.

Spaß führt zu Motivation und daraus ergibt sich eine Leistungsbereitschaft, welche die Grundvoraussetzung für den Erfolg ist. Und aus dem Erfolg kann wiederum eine zusätzliche Motivation entstehen. Ich persönlich kenne keinen Tennisspieler, der sehr erfolgreich ist und dem dieser Sport keinen Spaß macht. Obwohl wir in Deutschland mit die bestausgebildetsten Tennistrainer der Welt haben, verstehen es leider nur wenige die Spieler richtig zu Motivieren.
Das mentale Training wird oft sträflich vernachlässigt. Würde man hier ansetzten, bekäme der Tennissport in Deutschland sicherlich eine noch größere positive Bedeutung.

Mentale Stärke
im Tennis

Mein Name ist Rüdiger Eck und ich bin erfolgreicher Sport-Mentaltrainer, Psychologische Coach und Privat-Dozent für mental Sport- und Trainingsmethoden. Entwickler des *SHT*-Mentaltraining, Ausbilder für Sport-Mentaltraining und Sport-Hypnose. Autor und Experte zahlreicher Fachpublikationen, Ratgebern, Internetportale zum Thema Mentaltraining oder Sport-Hypnose.

In Heidelberg betreibe ich eine Psychologische Privatpraxis. Meine Klienten sind sowohl Schüler, Studenten, Familien mit unterschiedlichen Problemstellungen, Sportler mit mentalen Aufgabenstellungen aus der Kreisliga bis hin zum Nationalkader und Olympiasieger.

Nachfolgend beschreibe ich die Grundlagen und einfache Übungen für Mentales Training im Tennis.

Schon Boris Becker sagte einmal: „Das Match wird zwischen den Ohren gewonnen".

Ob im Freizeit- oder Leistungssport – im entscheidenden Moment liegt es am eigenen Kopf, ob ich die richtige Einstellung oder die ausreichende Motivation zum Spiel, die richtige Körperspannung, den richtigen Flow, die innere

Ruhe, den Siegeswillen, das Selbstvertrauen, meine Leistung oder die erlernte Technik abrufen kann.

Dabei fängt es bei den eigenen Gedanken und Sichtweisen an. Denn wenn wir „falsch Denken" werden wir unmittelbar „falsch sprechen" und damit in Folge auch „falsch handeln".

Oft wollen wir das „Richtige" aber formulieren es „falsch" und erreichen postum das, was wir eigentlich gerade vermeiden wollten.

Beispiel:

Denke jetzt mal bitte **nicht** an einen „rosaroten Panther" – jetzt!
Der „rosarote Panther" ist leider nicht verschwunden, sondern im Gegenteil besonders „präsent" gewesen.

Warum ist das so?

Nun unser Gehirn kennt keine „Verneinung" – es streicht quasi das Wort **nicht** oder **kein** aus der gesprochenen Programmierung und so wird aus einer Vermeidung eine Verdeutlichung:

Denke jetzt mal bitte ~~nicht~~ an einen „*rosaroten Panther*"

Der Satz programmiert in unserem Hirn also den Auftrag:

Denke jetzt mal bitte an einen „rosaroten Panther"

Demnach müsste die Formulierung also so aufgebaut sein, dass sie an etwas positiv Gewolltes aufmerksam macht und nicht auf das was vermieden werden soll.

Weitere Beispiele:

Ein Spieler hat im letzten Match einen gravierenden Fehler gemacht. Nun steht er wieder auf dem Platz und möchte natürlich diesen Fehler nicht wiederholen.

Es ist daher naheliegend, dass er sich sagt: „Ich darf heute ~~nicht~~ schon wieder so einen dummen Fehler machen".

Aber was kommt in seinem Hirn an?

„Ich darf heute schon wieder so einen dummen Fehler machen"!

Richtig wäre eine Formulierung zu finden, die im Ergebnis dazu führt, dass er so einen dummen Fehler nicht nochmal macht. Wie zum Beispiel:

„Ich bin gut drauf, habe super trainiert, habe Lust aufs Spiel und weiß, dass ich mich auf mich verlassen kann" ☺

Ein weiteres Hilfsmittel neben der Sichtweisen-Veränderung sind Rituale.

Hierbei unterscheide ich in zwei Gruppen von Rituale:

- Sicherheits-Rituale

- Motivations-Rituale

Sicherheits-Rituale

Sicherheits-Rituale sorgen für ein gutes, sicheres Gefühl, dass egal was auch passieren wird, ich für alle Eventualitäten gerüstet bin.

Wenn ich mit dem Auto auf einer verlassenen Landstraße entlang fahre, nur noch wenige Liter Benzin im Tank habe und nicht weiß, wann die nächste Tankstelle kommt, werde ich sehr unruhig und nervös fahren, da ich Angst habe ohne Benzin mitten in der Pampa stehen zu bleiben.

Habe ich aber z.B. einen Reservekanister im Auto, so werde ich viel ruhiger fahren, da ich sollte der Tank auf der Strecke leer sein, ich noch auf den Reservekanister zugreifen kann.

Ein Match fängt meist nicht erst auf dem Platz, sondern oft schon einige Tage vorher an. Nämlich bei der Vorbereitung.

Ist meine Ausrüstung auf optimalem Stand? Habe ich meine Trinkflaschen, Socken zum wechseln, Ersatz-Schnürsenkel, Pflaster, oder was auch immer rechtzeitig gerichtet und gepackt?

Ein Ritual (eine immer wieder kehrende Handlung) hilft uns, alles rechtzeitig und mit der Gewissheit an alles gedacht zu haben, am Turniertag mit einem ruhigen Gefühl zum Turnier zu fahren (*siehe auch*: Tennis ist Kopfsache - Koordination und Mentale Stärke, 2011, Kapitel: Sicherheits-Rituale).

Motivations-Rituale

Motivations-Rituale sorgen für die richtige mentale Voraussetzung, die ein Sportler braucht, um seine Leistung im richtigen Moment optimal abzurufen – den richtigen Flow zu haben.

Dies könnte z.B. durch Abruf eines sogenannten „Ankers", Visualisierung von erlebten Höhepunkten, aufbauender Musik oder dem „Movieclip" (*siehe auch*: Tennis ist Kopfsache - Koordination und Mentale Stärke, 2011, Kapitel: Motivations-Rituale).

Wie aus einem TRAUM ein Ziel und aus einem ZIEL eine richtige VISION wird

Was ist der Unterschied zwischen einem TRAUM, ZIEL und einer VISION?

Ich unterscheide Persönlichkeiten in drei Gruppen:

- **Träumer**

- **Verlierer**

- **Gewinner**

Dazu eine kleine Geschichte:

Drei Sportler sitzen in einer Kneipe und träumen davon eines Tages bei der Olympiade dabei zu sein.

Der Gedanke gefällt ihnen so gut, dass sie beschließen und sich gegenseitig nochmal extra bekunden, dies auch in die Tat umsetzen zu wollen.

Ein paar Monate später treffen wir Nr.1 wieder in der Kneipe und er erzählt gerade wieder davon, dass er eines Tages bei der Olympiade teilnehmen wird. Nr. 2 und 3 sind nicht in der Kneipe, sondern im Training. Zwischenzeitlich haben sie hart trainiert, alles Notwendige getan und zugelassen was ihnen sportlich weiterhelfen konnte. So haben sie auch schon tolle Trainings- und Wettkampferfolge erzielen können und werden auch mit Material unterstützt.

Als 2 und 3 an diesem Tage das Training antreten, erhalten sie von ihrem Verein/Sponsor eine neue Ausrüstung. Allerdings sind die beiden von den neuen Sachen nicht begeistert und Nr. 2 sagt: „Wie soll ich je mit solch schlechten Material siegen, geschweige zur Olympiade kommen...!" Nr. 3 ist ebenfalls nicht von dem Material angetan, sagt aber: „OK – das Material ist nicht das beste, aber wenn mich schon schlechtes Material aufhält, dann werde ich nie zur Olympiade kommen. Ich bin gut genug, es auch mit diesem Material zu schaffen."

Was glaubst du werden die drei Sportler mal als Rentner ihren Enkeln erzählen?

Nun – Nr.1 wird immer noch davon schwärmen, wie toll es gewesen wäre, mal bei einer Olympiade dabei gewesen zu sein. Das ist der **TRÄUMER**.

Nr. 2 wird erzählen, wer oder was ihn alles behindert oder aufgehalten hat, dass er niemals eine Chance hatte bei der Olympiade teilzunehmen. Das ist der **VERLIERER**.

Wir wissen nicht, ob Nr. 3 es bis zur Olympiade geschafft hat, aber er wird seinen Enkeln sicherlich stolz von vielen Erfolgen und Erlebnisse auf dem Weg zur Olympiade erzählen können und mit etwas Glück auch davon, wie er es zur Olympiade geschafft hat! ☺ Das ist der **GEWINNER**.

Das **"Treulose Tomate"** – Prinzip erleichtert uns die richtige Sichtweise auf die Problem- & Aufgaben-Lösung. Ein Weg vom **TRÄUMER** sich zum **GEWINNER** zu entwickeln. Es lohnt sich also ernsthaft mit dem **"Treulose Tomate"** – Prinzip sich auseinander zu setzen, zu trainieren und es erfolgreich einzusetzen (*siehe auch*: Das Treulose Tomaten-Prinzip – Jetzt bestimme ich mein Leben selbst, Dez. 2010).

Progressive Muskelentspannung

Viele von Euch haben schon festgestellt, dass wenn Ihr viel Stress habt, Ihr einen steifen und manchmal auch schmerzenden Nacken bekommt. Die Psyche reagiert bei Stress sehr stark auf den Körper und setzt sich gerne in den Muskeln fest – daher die Anspannung. Doch nicht nur im Nacken, sondern am ganzen Körper legt sich Stress auf die Muskeln (nicht immer so spürbar). Deswegen sind wir in unserem Bewegungsspektrum eingeschränkt und wir können den Körper nicht 100-tig einsetzen!

Die nachfolgende Übung sollte daher fest in das Tagesprogramm integriert sein:

Möglichst locker und bequem auf den Stuhl setzen. Die Beine sollten angewinkelt und parallel nebeneinander stehen und sich nicht gegenseitig berühren. Die Füße berühren den Boden. Die Arme einfach auf den Oberschenkel ablegen.

Rücken und Nacken gerade halten, so dass es bequem ist. Alle Muskeln so locker wie möglich halten.

Wichtig das man sich locker und wohl fühlt.
Alles noch mal überprüfen, ob alles bequem und
locker ist und gegebenenfalls korrigieren.
Augen schließen und auf die **Atmung** achten:

- **einatmen und ausatmen**
- **einatmen und ausatmen ...**

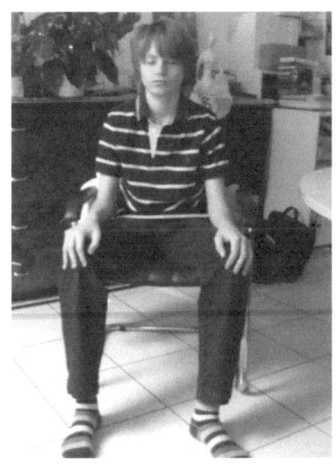

Nun beide **Hände** und **Unterarme** gleichzeitig anspannen, indem man beide Hände zu Fäuste ballt:

- **Fäuste ballen**
- **Spannung halten**
- **halten**

und wieder locker lassen -. **Ganz locker**   und das angenehme Gefühl genießen, wenn sich die Muskulatur ganz von selbst entspannt und locker wird.

Achtet dabei auf die Empfindungen in den Unterarmen und Händen, in den Daumen, Zeigefingern, Mittelfingern, Ringfingern und den kleinen Fingern.

-Übung wiederholen-

Jetzt beide **Oberarme** gleichzeitig anspannen
Ellbogen anwinkeln als ob man Muskeln zeigen
will:

- **anspannen**
- **Spannung halten**
- **halten**

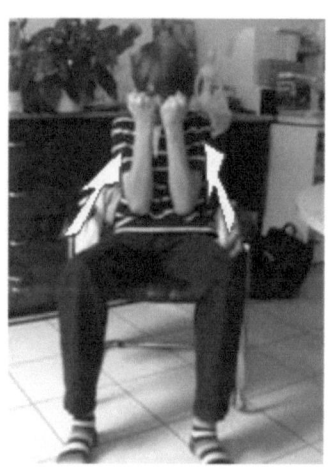

- **und wieder locker lassen**
- **ganz locker**

Beide Arme wieder auf die Oberschenkel ablegen. Beide Arme sind jetzt ganz locker und entspannt. Man spürt, wie die Oberarme schwerer werden, Unterarme und Hände fest auf den Beinen aufliegen.

-Übung wiederholen-

Nun tief in den **Brustkorb** hinein atmen und dabei die **Schultern** hochziehen - die Spannung halten und auf die Muskelbereiche im Brust und Schulter- und Rückenbereich achten

- **Spannung halten**
- **halten**

-    **ausatmen   und   wieder   locker   lassen**

Genießen, wie die Spannung ganz von selbst und deutlich nachlässt –

Beide Arme sind jetzt ganz locker und entspannt.

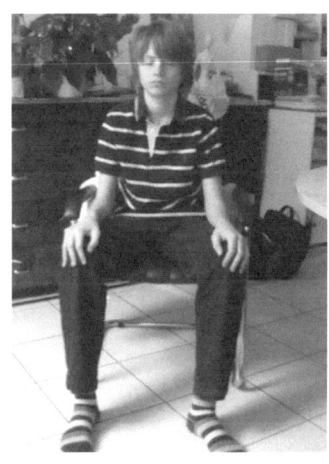

-Übung wiederholen-

Jetzt geht es mit der Konzentration auf die **Gesichtsmuskulatur**:

Das ganze **Gesicht**, also die **Stirn, Nase, Wangen** sowie die **Augenmuskulatur** gleichzeitig anspannen:

- **Mundwinkel nach oben ziehen**
- **Nase rausziehen**
- **Augenbrauen zusammenziehen**
- **anspannen Spannung halten**
- **halten**

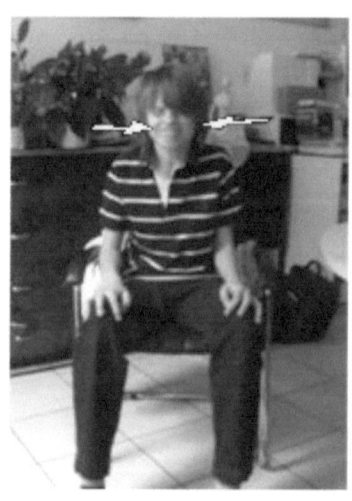

wieder locker lassen und spüren, wie sich jetzt alle Muskelbereiche langsam und ganz von selbst entspannen.

-Übung wiederholen-

Jetzt beide **Beine** ganz gerade nach vorne strecken, die **Fersen** liegen dabei auf dem Boden auf.

Die **Oberschenkel** und **Sitzmuskeln** ganz fest anspannen:

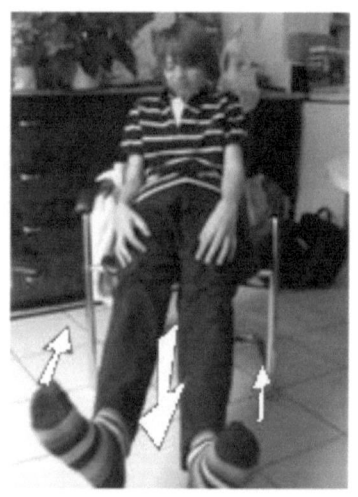

- **Spannung halten**
- **halten**

- und wieder locker lassen

Man spürt, wie die Spannung vom Gesäß an, bis
in die Beine hinein deutlich nachlässt

-Übung wiederholen-

Jetzt versuchen alle bisher angesprochenen Muskelbereiche gleichzeitig anzuspannen:

Fäuste ballen (halten und jeweils zusätzlich) **Arme anwinkeln, Schultern an die Ohren, Mundwinkel an die Ohren, Augenbrauen zusammen, Nase nach vorne,**

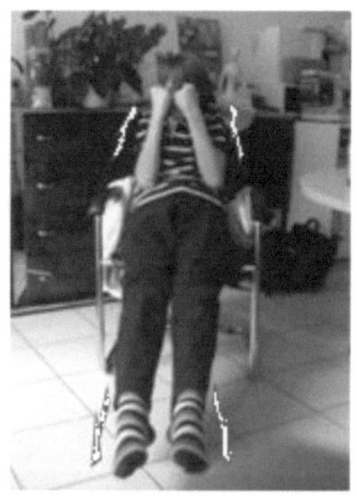

Beine lang strecken**, Zehenspitzen** nach vorne strecken, **Oberschenkel** und **Sitzmuskulatur** anspannen, tief **einatmen, Schultern** nach oben ziehen Fäuste ballen,

die Gesichtsmuskulatur anspannen

- **Spannung halten**
- **halten**
- **und wieder locker lassen**

Man spürt, wie die Spannung vom ganzen Körper, vom Kopf bis zu den Fußspitzen deutlich nachlässt. Der gesamte Körper total entspannt ist.

-Übung wiederholen-

Nach der Wiederholung der „Kette" die Augen noch geschlossen halten und solange es einem gut tut in den entspannten Körper fühlen und den Effekt bewusst genießen.

Die Augen erst wieder öffnen, wenn man auch innerlich bereit dazu ist. Dann aber zügig alle Glieder bewegen und schütteln

Danach wirst du mit einem ganz besonderen und befreiten Gefühl aufstehen.

Viele weitere mentale Übungen findest du u.a. in meinem Buch „*Tennis ist Kopfsache - Koordination und Mentale Stärke*" (2011).

Weitere Buchempfehlungen

Winning Ugly – Wie man bessere Gegner
schlägt
Autor: Brad Gilbert/Steve Jamison   Verlag: zu
Klampen -1997-

Tennistraining
Autor: Prof. Alexander Ferrauti
Verlag: Mayer & Mayer Sport   2006

SHT-Mentaltraining
Das ganzheitliche Sportmentaltraining
Autor: Rüdiger F.-J. K. Eck   2011

Tennis ist Kopfsache
Koordination und Mentale Stärke
Autor: Rüdiger F.-J. K. Eck   2011

Sport-Hypnose
Praxishandbuch für die professionelle
Anwendung
Autor: R. F.-J. K. Eck   2011
ISBN: 9783842340763

Energetische Arbeit im Sport
Prävention, Reha, Akuter Einsatz
Autor: Rüdiger F.-J. K. Eck
voraussichtlich : 2011

Verbände, Organisationen, Ausbildung, Tagungen

Deutscher Tennis Bund e.V.

Hallerstraße 89
20149 Hamburg
www.dtb-tennis.de

Badischer Tennisverband e.V.

Sportzentrum Leimen, Jahnstr. 4
69181 Leimen
www.badischertennisverband.de

Bayerischer Tennis-Verband e.V.

Georg-Brauchle-Ring 93
80992 München
www.btv.de

Tennis-Verband Berlin-Brandenburg e.V.
Hüttenweg 45
14195 Berlin
www.tvbb.de

Hamburger Tennis-Verband e.V.

Bei den Tennisplätzen 77
22119 Hamburg
www.hamburger-tennisverband.de

Hessischer Tennis-Verband e.V.
Auf der Rosenhöhe 68
63069 Offenbach am Main
www.htv-tennis.de

Tennisverband Mecklenburg-Vorpommern e.V.
Lagerstr. 41 - 42
18055 Rostock
www.tennisverband-mv.de

Tennisverband Mittelrhein e.V.
Merianstr. 2-4
50769 Köln
www.tvm-tennis.de

Tennis-Verband Niederrhein e.V.
Kaiserstr. 22
41061 Mönchengladbach
www.tvn-tennis.de/

Niedersächsischer Tennisverband e.V.
Triftweg. 3
31158 Bad Salzdetfurth
www.ntv-tennis.de

Tennisverband Nordwest e.V.
Achterdiek 160
28355 Bremen
www.nwe-tennis.de

Tennisverband Rheinland-Pfalz e.V.
Katzenberg 9,
55060 Mainz
www.rlp-tennis.de/

Saarländischer Tennisbund e.V.
Hermann-Neuberger-Sportschule,
Gebäude 54
66123 Saarbrücken
www.stb-tennis.de

Sächsischer Tennisverband e.V.
Abtnaundorfer Str. 47
04347 Leipzig
www.stv-tennis.de

Tennisverband Sachsen-Anhalt e.V.
Salzmannstr. 25
39112 Magdeburg
www.tvsa-tennis.de

Tennisverband Schleswig-Holstein e.V.
Winterbeker Weg 49
24114 Kiel
www.tennis-sh.de

Thüringer Tennis-Verband e.V.
Buttelstedter Str. 96
99427 Weimar
www.ttv-tennis.de/

Westfälischer Tennis-Verband e.V.
Westicker Str. 30
59160 Kamen
www.wtv.de

**Württembergischer
Tennis-Bund**
Emerholzweg 79
70439 Stuttgart (-Stammheim)
www.wtb-tennis.de

Kontakt:

Boris Kärcher
DTB-A-Tennistrainer
Postfach 100 249
D - 75021 Eppingen
Telefon: 07262-4666
Telefax: 07262-4201

www.tennisschule-kaercher.de

info@tennisschule-kaercher.de

Kontakt:
- Co-Autor -

SHT -Mentaltraining
Psychologische Beratungspraxis Heidelberg
Rüdiger F.-J. K. Eck
Am Gutleuthofhang 24 a
D – 69118 Heidelberg
Tel. 06221 – 389349-11

sht-mentaltraining@psychologische-beratungspraxis-
heidelberg.de

www.sht-mentaltraining.de